롱차이나 김쌤&강쌤과 함께
패턴 ~~~~~~~기 플랜!

KB089310

나의 학습 플랜 정하기!

☐ 30일 완성 (하루에 패턴 4개씩)
☐ 40일 완성 (하루에 패턴 3개씩)
☐ 60일 완성 (하루에 패턴 2개씩)
☐ 120일 완성 (하루에 패턴 1개씩)

나 _____는

패턴 120개를 하루에 _____개씩 _____일에 완성하겠다!

학습을 마친 후 직접 ✔ 체크해 보세요!

1	2	3	4	5	6	7	8	9	10	11	12	13	14	15	16	17	18	19	20
21	22	23	24	25	26	27	28	29	30	31	32	33	34	35	36	37	38	39	40
41	42	43	44	45	46	47	48	49	50	51	52	53	54	55	56	57	58	59	60
61	62	63	64	65	66	67	68	69	70	71	72	73	74	75	76	77	78	79	80
81	82	83	84	85	86	87	88	89	90	91	92	93	94	95	96	97	98	99	100
101	102	103	104	105	106	107	108	109	110	111	112	113	114	115	116	117	118	119	120

참!
잘 했어요!
★ ★ ★

초판발행	2022년 7월 10일
1판 2쇄	2023년 3월 1일

저자	김미숙, 강위남
편집	최미진, 가석빈, 高霞, 엄수연
펴낸이	엄태상
표지 디자인	진지화
내지 디자인	권진희
조판	이서영
콘텐츠 제작	김선웅, 장형진
마케팅	이승욱, 왕성석, 노원준, 조인선, 조성민
경영기획	조성근, 최성훈, 정다운, 김다미, 최수진, 오희연
물류	정종진, 윤덕현, 신승진, 구윤주

펴낸곳	시사중국어사(시사북스)
주소	서울시 종로구 자하문로 300 시사빌딩
주문 및 문의	1588-1582
팩스	0502-989-9592
홈페이지	http://www.sisabooks.com
이메일	book_chinese@sisadream.com
등록일자	1988년 2월 12일
등록번호	제300 - 2014 - 89호

ISBN 979-11-5720-074-0 (13720)

들어가기

'중국어 공부 N년차, 계속 제자리 걸음인 초급 회화 실력을 중급 이상 수준으로 업그레이드할 수 있는 방법은 없을까?

중국어를 어느 정도 공부했다면 누구나 왕초보를 탈출하고 싶을 것이다. 그러나 막상 회화를 할 때는 단어만 어수선하게 몇 개 나열하고 제대로 된 표현을 못하는 경우가 많다. 왜 일까?

단어를 많이 알면 알수록 회화에 도움이 되는 건 사실이다. 그러나 문법 지식이 뒷받침되지 않는다면, 이미 알고 있는 단어임에도 불구하고 그 단어들을 넣어야 할 자리를 모르기 때문에 헛돌기만 하고 맞물려 돌아가지 않는 것이다. 단어를 기계를 만들 때 필요한 부품이라고 가정해 보자. 이 부품 (단어)들을 일부 먼저 조립해 놓으면 찾기에도 편리하고, 전체적인 조립도 훨씬 더 빨라질 수 있다. 결과적으로 말의 속도, 문법 그리고 정확하고 리얼한 뉘앙스 표현까지 잘 맞물려야 근사한 회화를 할 수 있게 된다.

여기에서 **이 부품(단어)들을 일부 먼저 조립해 놓는 과정이 바로 패턴**이다. 패턴은 문장을 만드는 공식이다. 공식에 단어만 바꿔 넣으면 원하는 문장을 만들 수 있게 된다. 필자는 중국어를 공부하는 데 있어 문법을 배제할 수 없다고 생각한다. 그러나 문법 공부를 과하게 한다고 해서 회화의 속도가 빨라진다고는 생각하지 않는다. 우리는 문법에서 공부한대로 오차없이 척척 구사해낼 수 있는 AI가 아니기 때문이다.

패턴으로 공부하면 좋은 점은 무엇일까? 패턴 하나를 반복해서 연습하기 때문에, 복잡한 문법을 몰라도 문장을 만들 수 있으며, 이 과정에서 문장의 뼈대를 볼 수 있는 눈이 길러지기 때문에 자연스럽게 독해 능력을 키울 수 있다. 또 단어만 바꿔 넣기 때문에 어순에 대한 훈련을 쉽게 할 수 있으며, 여기에 디테일한 뉘앙스까지도 큰 노력 없이 체화體化할 수 있게 된다.

네이티브들이 밥 먹듯이 많이 쓰는 120개의 패턴과 1,200개의 리얼한 예문을 통하여 여러분들의 중국어 실력을 크게 성장시키기를 기대해 본다.

2022년 /월

롱차이나 중국어 김미숙

차례

PART 03

PART **04**

PART 05

PART 06

패턴이
문법보다
빠르다

이 책의 특징

중국어 초급 학습자부터 중급 이상 학습자까지
꼭 알아야 할 실용적인 패턴만 120개 모아 소개해요.

저자 김미숙 선생님의
동영상 강의를
바로 볼 수 있어요!

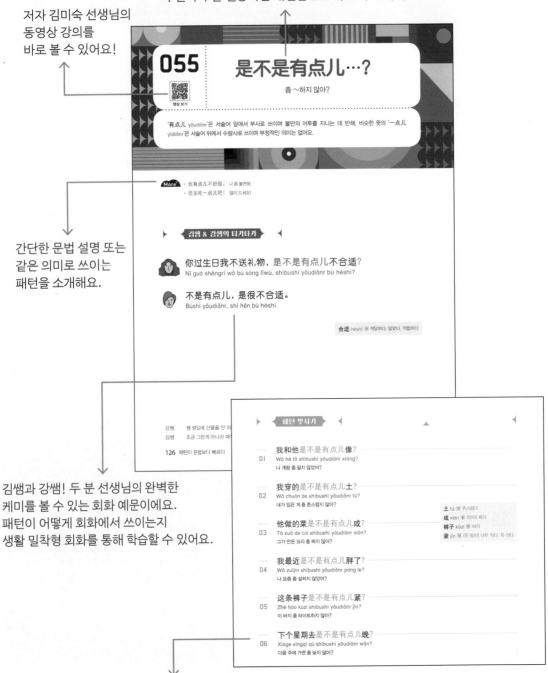

간단한 문법 설명 또는
같은 의미로 쓰이는
패턴을 소개해요.

김쌤과 강쌤! 두 분 선생님의 완벽한
케미를 볼 수 있는 회화 예문이에요.
패턴이 어떻게 회화에서 쓰이는지
생활 밀착형 회화를 통해 학습할 수 있어요.

패턴 하나 완벽하게 익히려면 예문 10개 정도는 학습하고 넘어 가야지요?
현실감 확실한 예문이라 익혀 두면 여기저기에서 도움이 많이 되실 거예요!

파트별 대표 페이지에 있는
QR 코드를 스캔하면
원어민 음성을 확인할 수 있어요.

① **실시간 듣기**: 파트별 대표 페이지에 있는 음성 듣기 QR 코드를 스캔하면
언제 어디서든 원어민의 생생한 발음을 들을 수 있습니다.

② **MP3 파일 무료 다운로드 받기**: 시사북스 홈페이지에 접속하여 가입-
로그인-도서명 검색 후 MP3 파일을 무료 다운로드 받으실 수 있습니다.
https://www.sisabooks.com/chn

저자 김미숙선생님의 동영상 강의!

확! 꽂히는 <120 패턴 학습 영상>을 준비했어요! 친절한 영상과 함께 학습하면 패턴의 포인트
를 더욱 잘 이해할 수 있고, 또 재미있게 학습할 수 있어요!

⚡ **롱차이나 중국어 TV 채널은요,**
중국어 학습자들의 목마름을 해결해 주고자 2018년 야심 차게 오픈한 김미숙 선생님의 중국
어 학습 채널이에요. 다양한 중국어 학습 콘텐츠를 무료로 즐기고, 유료회원에 가입하면 좀
더 심화된 고급진 중국어 학습 콘텐츠를 시청할 수 있어요!

⚡ **김쌤의 재미있는 강의 영상 보기**

① **실시간 보기**: 페이지마다 있는 영상 보기 QR 코
드를 스캔하면 언제 어디서든 김쌤과 강쌤의 강의
영상을 시청할 수 있습니다.

② **검색하여 보기**: 유튜브에서 '롱차이나 중국어
TV'를 검색한 후 강의 영상을 시청할 수 있습니다.

PART

01

음성 듣기

001

영상 보기

早就…了

진작에 ~했어

'已经…了(이미 ~했다)'보다 더 강하게 표현하거나 더 일찍 무엇을 했음을 말하고자 할 때 사용해요.

▶ **김쌤 & 강쌤의 티키타카** ◀

冰箱里的蛋糕呢?
Bīngxiāng lǐ de dàngāo ne?

我怕你长肉, 所以早就被我吃了。
Wǒ pà nǐ zhǎngròu, suǒyǐ zǎojiù bèi wǒ chī le.

> 蛋糕 dàngāo 몡 케이크
> 怕 pà 통 무서워하다. 걱정이 되다
> 长肉 zhǎngròu 통 살이 찌다. 뚱뚱해지다

김쌤   냉장고에 있던 케이크는?
강쌤   쌤 살찔까 걱정돼서 제가 진작에 먹어버렸죠.

01
我早就做完了。
Wǒ zǎojiù zuòwán le.
나는 진작에 다 했어.

02
他早就起床了。
Tā zǎojiù qǐchuáng le.
그는 진작에 일어났어.

03
我早就告诉你了。
Wǒ zǎojiù gàosu nǐ le.
내가 진작에 너한테 말했잖아.

04
我的病早就好了。
Wǒ de bìng zǎojiù hǎo le.
내 병은 진작에 다 나았어.

05
我早就跟他道歉了。
Wǒ zǎojiù gēn tā dàoqiàn le.
나는 진작에 그에게 사과했어.

道歉 dàoqiàn 동 사과하다

06
我早就把钱还给你了。
Wǒ zǎojiù bǎ qián huángěi nǐ le.
나는 진작에 너에게 돈을 갚았어.

07
那个问题早就解决了。
Nàge wèntí zǎojiù jiějué le.
그 문제는 진작에 해결되었다.

08
我早就把工资花光了。
Wǒ zǎojiù bǎ gōngzī huāguāng le.
나는 진작에 월급을 다 써버렸어.

解决 jiějué 동 해결하다
工资 gōngzī 명 월급

09
你是什么人我早就看出来了。
Nǐ shì shénme rén wǒ zǎojiù kànchūlái le.
네가 어떤 사람인지 나는 진작에 알아봤어.

10
如果没有孩子，我们早就离婚了。
Rúguǒ méiyǒu háizi, wǒmen zǎojiù líhūn le.
아이가 없었다면 우리는 진작에 이혼했을 거야.

002

영상 보기

终于…了

드디어 ~했어

바라고 원하던 일을 해내거나 그 일들이 마침내 이루어졌을 때 쓰는 표현이에요.

▶ 김쌤 & 강쌤의 티키타카 ◀

你终于吃饱了！我去结账！
Nǐ zhōngyú chībǎo le! Wǒ qù jiézhàng!

不行，我还没吃饱，我才刚开始呢。
Bù xíng, wǒ hái méi chībǎo, wǒ cái gāng kāishǐ ne.

结账 jiézhàng 동 계산하다

김쌤   강쌤 드디어 배가 찼구나! 가서 계산할게!

강쌤   안 돼요. 아직 배 안 부르단 말이에요. 난 이제 막 시작한 걸요.

01 终于**考完试**了。
Zhōngyú kǎowán shì le.
드디어 시험이 끝났다.

02 我终于**瘦**了。
Wǒ zhōngyú shòu le.
드디어 살이 빠졌어.

03 终于**到周末**了。
Zhōngyú dào zhōumò le.
드디어 주말이 되었네.

04 你终于**有孩子**了。
Nǐ zhōngyú yǒu háizi le.
너 드디어 아이를 가졌구나.

05 我终于**买房子**了。
Wǒ zhōngyú mǎi fángzi le.
나는 드디어 집을 샀다.

06 我终于**做完作业**了。
Wǒ zhōngyú zuòwán zuòyè le.
나는 드디어 숙제를 끝냈어.

07 我终于**找到护照**了。
Wǒ zhōngyú zhǎodào hùzhào le.
드디어 여권을 찾았어요.

08 院长终于**给我涨工资**了。
Yuànzhǎng zhōngyú gěi wǒ zhǎng gōngzī le.
원장님이 드디어 나에게 월급을 올려 줬어요.

护照 hùzhào 몡 여권
涨工资 zhǎng gōngzī 통 월급이 오르다
同意 tóngyì 통 동의하다. 승인하다
提高 tígāo 통 제고하다. 향상시키다

09 妈妈终于**同意我们结婚**了。
Māma zhōngyú tóngyì wǒmen jiéhūn le.
엄마가 드디어 우리 결혼에 동의하셨어.

10 我的汉语水平终于**提高**了。
Wǒ de Hànyǔ shuǐpíng zhōngyú tígāo le.
내 중국어 실력이 드디어 향상되었어.

003

영상 보기

终于能⋯了

드디어 ~할 수 있게 되었어

자신이 바라고 기다렸던 어떤 상황을 마침내, 드디어 할 수 있게 되었을 때 쓰는 표현으로 조동사 '能'과 절친이에요. 패턴 002의 확장형으로 보면 돼요.

▶ **김쌤 & 강쌤의 티키타카** ◀

我终于能睡个懒觉了。
Wǒ zhōngyú néng shuì ge lǎnjiào le.

你最近很早起床吗?
Nǐ zuìjìn hěn zǎo qǐchuáng ma?

对啊，很早，我最近每天十一点就起床了。
Duì a,　hěn zǎo, wǒ zuìjìn měitiān shíyī diǎn jiù qǐchuáng le.

懒觉 lǎnjiào 명 늦잠

김쌤　　드디어 늦잠 잘 수 있게 되었어.
강쌤　　쌤 요즘 일찍 일어나세요?
김쌤　　응. 아주 일찍, 요즘 매일 11시면 일어나.

01
我终于能休息了。
Wǒ zhōngyú néng xiūxi le.
드디어 쉴 수 있게 되었어.

02
我终于能下班了。
Wǒ zhōngyú néng xiàbān le.
드디어 퇴근할 수 있어.

03
我终于能不加班了。
Wǒ zhōngyú néng bù jiābān le.
드디어 야근을 하지 않을 수 있게 되었어.

加班 jiābān 동 초과 근무하다. 잔업하다

04
他们终于能结婚了。
Tāmen zhōngyú néng jiéhūn le.
그들은 마침내 결혼할 수 있게 되었어.

05
我终于能睡个好觉了。
Wǒ zhōngyú néng shuì ge hǎo jiào le.
나는 드디어 푹 잘 수 있게 되었어.

06
我终于能去中国留学了。
Wǒ zhōngyú néng qù Zhōngguó liúxué le.
나는 드디어 중국으로 유학을 갈 수 있게 되었어.

07
我终于能回家过中秋节了。
Wǒ zhōngyú néng huíjiā guò Zhōngqiū Jié le.
나는 드디어 집에 가서 추석을 보낼 수 있게 되었어.

中秋节 Zhōngqiū Jié 명 한가위. 추석
伤 shāng 명 상처
放心 fàngxīn 동 마음을 놓다. 안심하다
隔离 gélí 동 격리하다

08
伤终于好了，我终于能洗澡了。
Shāng zhōngyú hǎo le, wǒ zhōngyú néng xǐzǎo le.
상처가 드디어 다 나아서, 마침내 목욕을 할 수 있게 되었어.

09
知道了他的消息，我终于能放心了。
Zhīdào le tā de xiāoxi, wǒ zhōngyú néng fàngxīn le.
그의 소식을 알고 나는 마침내 마음을 놓을 수 있었다.

10
隔离了两个星期，我终于能出去了。
Gélí le liǎng ge xīngqī, wǒ zhōngyú néng chūqù le.
2주 동안 격리되고 나는 드디어 나갈 수 있게 되었어.

004

영상 보기

要…了

곧 ~하려고 해

어떤 동작이나 상황이 곧 발생할 것임을 나타내요. '要'는 '곧 머지않아 ~하려 한다'의 의미로 '了'와 절친이에요. 같은 뜻으로 '快…了', '就要…了', '快要…了'가 있어요.

 '快…了', '快要…了'의 앞에는 구체적인 시간을 나타내는 표현은 올 수 없다는 것에 주의하세요!

- 明年就要毕业了。 내년이면 곧 졸업한다.
- ~~明年~~快要毕业了。 곧 졸업한다.

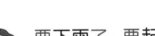

김쌤 & 강쌤의 티키타카

要下雨了。要起风了。天气预报说今天有台风。
Yào xiàyǔ le. Yào qǐfēng le. Tiānqì yùbào shuō jīntiān yǒu táifēng.

我们快点儿回家吧!
Wǒmen kuài diǎnr huíjiā ba!

别担心，再大的风也吹不动你。
Bié dānxīn, zài dà de fēng yě chuībudòng nǐ.

起风 qǐfēng 동 바람이 일다[불다]
天气预报 tiānqì yùbào 명 일기예보
台风 táifēng 명 태풍
担心 dānxīn 동 걱정하다
吹 chuī 동 (바람이) 불다

강쌤　곧 비가 오고 바람이 불 거야. 일기예보에서 오늘 태풍이 온다고 했거든.
　　　우리 빨리 집에 가자!
남편　걱정하지 마. 아무리 센 바람에도 넌 안 날아가니까.

01
快要下课了。
Kuàiyào xiàkè le.
수업이 곧 끝나.

02
就要下车了。
Jiùyào xiàchē le.
곧 내려야 돼.

03
雪快要停了。
Xuě kuàiyào tíng le.
눈이 곧 그치겠다.

04
我们快要放假了。
Wǒmen kuàiyào fàngjià le.
우리 곧 방학해.

放假 fàngjià 통 방학하다

05
他快要回国了。
Tā kuàiyào huíguó le.
그가 곧 귀국할 거야.

06
火车就要出发了。
Huǒchē jiùyào chūfā le.
기차가 곧 출발해.

07
飞机就要到了。
Fēijī jiùyào dào le.
비행기가 곧 도착해.

08
饭就要做好了。
Fàn jiùyào zuòhǎo le.
밥이 곧 다 된다.

出发 chūfā 통 출발하다
出生 chūshēng 통 출생하다

09
他的孩子要出生了。
Tā de háizi yào chūshēng le.
그의 아이가 곧 태어난다.

10
要上课了，快点儿走！
Yào shàngkè le, kuài diǎnr zǒu!
수업이 곧 시작되니 빨리 가자!

好像…错了

잘못 ～한 것 같아

동사 뒤에 결과보어 '错'를 넣어서 '잘못 ～하다'의 패턴으로 먼저 익히고, '好像 hǎoxiàng'을 더해 확장된 패턴
으로 다시 셋팅하세요.

▶ **김쌤 & 강쌤의 티키타카** ◀

我好像听错了。你四天没洗头？
Wǒ hǎoxiàng tīngcuò le. Nǐ sì tiān méi xǐtóu?

对啊，你听错了。不是四天，是十天。
Duì a, nǐ tīngcuò le.　　Búshì sì tiān, shì shí tiān.

我十天没洗头。
Wǒ shí tiān méi xǐtóu.

洗头 xǐtóu 동 머리를 감다

강쌤　　제가 잘못 들은 것 같은데요. 나흘 동안 머리를 안 감았다고요?
김쌤　　맞아, 네가 잘못 들었어. 나흘이 아니라 열흘이야.
　　　　나 열흘 동안 머리 안 감았거든.

01
我好像买错了。
Wǒ hǎoxiàng mǎicuò le.
내가 잘못 산 것 같아.

02
他好像说错了。
Tā hǎoxiàng shuōcuò le.
그가 잘못 말한 것 같아.

03
你好像读错了。
Nǐ hǎoxiàng dúcuò le.
네가 잘못 읽은 것 같아.

04
我好像看错人了。
Wǒ hǎoxiàng kàncuò rén le.
내가 사람을 잘못 본 것 같아.

05
我好像吃错药了。
Wǒ hǎoxiàng chīcuò yào le.
내가 약을 잘못 먹은 것 같아.

06
我好像坐错车了。
Wǒ hǎoxiàng zuòcuò chē le.
제가 차를 잘못 탄 것 같아요.

07
我好像说错时间了。
Wǒ hǎoxiàng shuōcuò shíjiān le.
제가 시간을 잘못 말한 것 같아요.

方向 fāngxiàng 명 방향
地址 dìzhǐ 명 주소
记 jì 동 기억하다, 암기하다

08
你好像走错方向了。
Nǐ hǎoxiàng zǒucuò fāngxiàng le.
네가 방향을 잘못 든 것 같아.

09
我好像写错地址了。
Wǒ hǎoxiàng xiěcuò dìzhǐ le.
내가 주소를 잘못 쓴 것 같아.

10
我好像记错时间了。
Wǒ hǎoxiàng jìcuò shíjiān le.
제가 시간을 잘못 기억한 것 같네요.

该…了

~할 때가 됐어, ~할 차례야

'该'는 '마땅히 ~해야 한다'는 의미를 가진 조동사이며, 변화를 나타내는 어기조사 '了'와 함께 쓰여 **마땅히 ~할 때가 되었다**'의 의미로 사용돼요. '该'와 '了' 사이에는 명사, 동사, 동사구 등이 올 수 있어요!

▶ 김쌤 & 강쌤의 티키타카 ◀

我该睡觉了。
Wǒ gāi shuìjiào le.

怎么这么早？
Zěnme zhème zǎo?

如果再熬夜工作，我就有熊猫眼了。
Rúguǒ zài áoyè gōngzuò, wǒ jiù yǒu xióngmāoyǎn le.

熊夜 áoyè 동 밤새움하다. 밤을 새우다
熊猫眼 xióngmāoyǎn 명 다크서클. 판다 눈

김쌤　　난 자야겠어.
강쌤　　왜 이렇게 일찍이요?
김쌤　　더 이상 밤새워 일하다간 곧 다크서클이 생길 거야.

01
该谁了?
Gāi shéi le?
누구 차례야?

02
该我了。
Gāi wǒ le.
내 차례가 됐네.

03
该你了。
Gāi nǐ le.
네 차례야.

04
我该下班了。
Wǒ gāi xiàbān le.
퇴근할 때 됐네.

05
我该走了。
Wǒ gāi zǒu le.
저 이제 가 봐야겠어요.

06
该涨工资了。
Gāi zhǎng gōngzī le.
월급을 올려줄 때가 됐어요.

07
你该还我钱了。
Nǐ gāi huán wǒ qián le.
나한테 돈 갚아야지.

还 huán 동 돌려주다. 갚다
减肥 jiǎnféi 동 살을 빼다. 다이어트하다
请客 qǐngkè 동 한턱내다

08
你该减肥了。
Nǐ gāi jiǎnféi le.
너 다이어트해야 겠다.

09
你该结婚了。
Nǐ gāi jiéhūn le.
너 결혼할 때가 되었어.

10
上次我请客，这次该你请客了。
Shàngcì wǒ qǐngkè, zhè cì gāi nǐ qǐngkè le.
지난번에 내가 샀으니 이번에는 네가 밥 살 차례야.

实在是…

정말로 너무 ~하네

이제 '真的'만 쓰지 말고 좀 더 강하고 리얼하게 '实在是…' 표현을 사용해 보세요. '太…了'와 절친이니 **实在是太…了**'의 패턴을 하나 더 알아두면 유용해요.

▶ **김쌤 & 강쌤의 티키타카** ◀

我实在是吃不下了。
Wǒ shízài shì chībuxià le.

谢谢你，你再吃下去，我就破产了。
Xièxie nǐ, nǐ zài chīxiàqù, wǒ jiù pòchǎn le.

破产 pòchǎn 동 파산하다

강쌤　　정말 더 이상은 못 먹겠어요.
김쌤　　고마워. 네가 더 이상 먹었다간 나 곧 파산하겠어.

01
我实在是没钱了。
Wǒ shízài shì méi qián le.
나 정말 돈 없어.

02
我实在是尽力了。
Wǒ shízài shì jìnlì le.
정말 최선을 다했어요.

尽力 jìnlì 통 힘을 다하다
对手 duìshǒu 명 상대, 적수, 라이벌
强 qiáng 형 힘이 세다, 강하다

03
我实在是没办法了。
Wǒ shízài shì méi bànfǎ le.
나도 정말 어쩔 수가 없어.

04
对手实在是太强了。
Duìshǒu shízài shì tài qiáng le.
상대가 정말 너무 강해요.

05
他实在是太厉害了。
Tā shízài shì tài lìhai le.
그는 정말 대단해요.

06
我实在是太幸福了。
Wǒ shízài shì tài xìngfú le.
나는 정말 너무 행복해요.

07
实在是让人无语了！
Shízài shì ràng rén wúyǔ le!
정말 사람 어이없게 하네!

无语 wúyǔ 형 어이없다, 할말이 없다
丢脸 diūliǎn 형 쪽팔리다, 창피하다
受不了 shòubuliǎo 통 참을 수 없다, 견딜 수 없다
脾气 píqi 명 성격, 기질, 성질

08
当时实在是太丢脸了。
Dāngshí shízài shì tài diūliǎn le.
그때 정말 너무 쪽팔렸어요.

09
这次考试实在是太难了。
Zhè cì kǎoshì shízài shì tài nán le.
이번 시험은 정말 너무 어려웠어요.

10
我实在是受不了他的脾气了。
Wǒ shízài shì shòubuliǎo tā de píqi le.
나는 정말 그의 성질을 참을 수가 없어요.

真是个…

정말 ~이야

'**真是一个…**'의 표현도 가능하지만 구어에서는 '**一**'를 생략하는 경우가 많아요.

▶ 김쌤 & 강쌤의 티키타카 ◀

你真是个小气鬼!
Nǐ zhēn shì ge xiǎoqìguǐ!

谁说的? 我不是!
Shéi shuō de? Wǒ búshì!

那你今天敢不敢请我吃饭?
Nà nǐ jīntiān gǎn bu gǎn qǐng wǒ chīfàn?

我不敢!
Wǒ bù gǎn!

小气鬼 xiǎoqìguǐ 명 깍쟁이, 짠돌이
敢 gǎn 부 감히, 대담하게

김쌤　　강쌤 정말 짠순이야!
강쌤　　누가 그래요? 저 아니거든요!
김쌤　　그럼 오늘 나한테 밥 살 수 있어?
강쌤　　그렇게는 못하죠!

01

你真是个天才！
Nǐ zhēn shì ge tiāncái!
너는 정말 천재야!

02

你真是个天使！
Nǐ zhēn shì ge tiānshǐ!
너 정말 천사야!

天才 tiāncái 명 천재
天使 tiānshǐ 명 천사
狠 hěn 형 독하다
调皮鬼 tiáopíguǐ 명 개구쟁이. 장난꾸러기

03

你真是个狠人！
Nǐ zhēn shì ge hěnrén!
너는 정말 독한 사람이야!

04

你真是个调皮鬼！
Nǐ zhēn shì ge tiáopíguǐ!
너 정말 장난꾸러기야!

05

你真是个好男人！
Nǐ zhēn shì ge hǎo nánrén!
당신은 정말 좋은 남자예요!

06

他真是个幸运的人！
Tā zhēn shì ge xìngyùn de rén!
그는 정말 운이 좋은 사람이야!

07

你真是个虚伪的人！
Nǐ zhēn shì ge xūwěi de rén!
당신은 정말 가식적인 사람이에요!

虚伪 xūwěi 형 허위적이다. 거짓이다
自私 zìsī 형 이기적이다
商人 shāngrén 명 상인. 장사꾼
不负责任 bú fù zérèn 형 무책임하다
老公 lǎogōng 명 남편

08

你真是个自私的人！
Nǐ zhēn shì ge zìsī de rén!
너는 정말 이기적인 사람이구나!

09

他真是个成功的商人！
Tā zhēn shì ge chénggōng de shāngrén!
그는 정말 성공한 장사꾼이야!

10

他真是个不负责任的老公！
Tā zhēn shì ge bú fù zérèn de lǎogōng!
그는 정말 무책임한 남편이야!

009

영상 보기

又不是…

~도 아니면서

'不是没钱(돈이 없는 게 아니야)', '又不是没钱(돈이 없는 것도 아니면서/아니잖아)' 이렇게 '不是'와 비교해 보면 '又不是'의 뉘앙스를 느낄 수 있어요.

김쌤 & 강쌤의 티키타카

 又不是没钱，干吗点这么少！
Yòu búshì méi qián, gànmá diǎn zhème shǎo!

 不是你请客，当然可以这么说。
Búshì nǐ qǐngkè, dāngrán kěyǐ zhème shuō.

等你请客的时候，你看我点多少！
Děng nǐ qǐngkè de shíhou, nǐ kàn wǒ diǎn duōshao!

干吗 gànmá 【대명】 무엇 때문에. 어째서. 왜

강쌤　　돈이 없는 것도 아니면서 왜 이렇게 조금만 시키는 거예요!
김쌤　　네가 밥 사는 게 아니니까 당연히 이렇게 말할 수 있겠지.
　　　　네가 한턱낼 때 내가 얼마나 시키는지 봐!

01 你又不是小孩子!
Nǐ yòu búshì xiǎo háizi!
네가 어린아이도 아니잖아!

02 我又不是花你的钱!
Wǒ yòu búshì huā nǐ de qián!
내가 네 돈을 쓴 것도 아니잖아!

坏 huài 형 고장나다, 망가지다
节约 jiéyuē 동 절약하다

03 你又不是不知道, 还问!
Nǐ yòu búshì bù zhīdào, hái wèn!
모르는 것도 아니면서 또 물어보고 그래!

04 又不是坏了, 干吗买新的!
Yòu búshì huài le, gànmá mǎi xīn de!
고장난 것도 아닌데 왜 새것을 사!

05 又不是没钱, 干吗这么节约!
Yòu búshì méi qián, gànmá zhème jiéyuē!
돈이 없는 것도 아니면서 왜 이렇게 아껴!

06 又不是第一次, 干吗这么紧张!
Yòu búshì dì yī cì, gànmá zhème jǐnzhāng!
처음도 아닌데 왜 이렇게 긴장해!

07 我又不是故意的, 干吗这么生气!
Wǒ yòu búshì gùyì de, gànmá zhème shēngqì!
내가 고의로 그런 것도 아닌데 왜 이렇게 화를 내!

紧张 jǐnzhāng 형 긴장하다
故意 gùyì 부 고의로, 일부러
道歉 dàoqiàn 동 사과하다
管 guǎn 동 간섭하다, 참여하다, 관여하다
堵 dǔ 동 막히다

08 又不是我的错, 我为什么要道歉?
Yòu búshì wǒ de cuò, wǒ wèishénme yào dàoqiàn?
내 잘못도 아닌데 내가 왜 사과를 해야 돼?

09 你又不是我老婆, 干吗管这么多!
Nǐ yòu búshì wǒ lǎopo, gànmá guǎn zhème duō!
네가 내 와이프도 아니면서 왜 이렇게 간섭을 많이 해!

10 现在又不是上下班时间, 怎么这么堵?
Xiànzài yòu búshì shàngxiàbān shíjiān, zěnme zhème dǔ?
지금이 출퇴근 시간도 아닌데 왜 이렇게 차가 막히지?

010

正要…呢

막 ～하려던 참이었어

영상 보기

'要'는 '～할 계획이다'라는 의미를 가진 동사 '打算 dǎsuàn', '准备 zhǔnbèi'로 대체 가능하여 '**正打算…**', '**正准备…**'라고 말해도 돼요.

▶ **김쌤 & 강쌤의 티키타카** ◀

我正要睡觉呢。
Wǒ zhèng yào shuìjiào ne.

你不是刚起床吗?
Nǐ búshì gāng qǐchuáng ma?

我已经起床一个小时了。
Wǒ yǐjīng qǐchuáng yí ge xiǎoshí le.

김쌤   나 막 자려던 참이었어.
강쌤   쌤 방금 일어난 거 아니었어요?
김쌤   나 일어난 지 벌써 한 시간이나 됐잖아.

01
我正要出门呢。
Wǒ zhèng yào chūmén ne.
막 외출하려던 참이었어요.

02
我正要问他呢。
Wǒ zhèng yào wèn tā ne.
내가 그에게 물어보려던 참이었어.

03
我正要起床呢。
Wǒ zhèng yào qǐchuáng ne.
나는 막 일어나려던 참이었어.

出门 chūmén 통 외출하다
报警 bàojǐng 경찰에 신고하다

04
他正要报警呢。
Tā zhèng yào bàojǐng ne.
그는 마침 경찰에 신고하려던 참이었다.

05
我正要下班呢。
Wǒ zhèng yào xiàbān ne.
퇴근하려던 참이었어요.

06
他正要关门呢。
Tā zhèng yào guānmén ne.
그는 막 문을 닫으려던 참이었다.

07
我正要回宿舍呢。
Wǒ zhèng yào huí sùshè ne.
나는 막 기숙사로 돌아가려던 참이었다.

宿舍 sùshè 명 기숙사
打断 dǎduàn 통 끊다, 끊어 버리다

08
我正要跟你借钱呢。
Wǒ zhèng yào gēn nǐ jièqián ne.
너한테 돈을 빌리려던 참이었어.

09
我正要给你打电话呢。
Wǒ zhèng yào gěi nǐ dǎ diànhuà ne.
막 너에게 전화하려던 참이었어.

10
我正要告诉你呢，你打断了我的话。
Wǒ zhèng yào gàosu nǐ ne, nǐ dǎduàn le wǒ de huà.
이제 막 너에게 말하려던 참이었는데 네가 내 말을 끊은 거야.

영상 보기

要提前…

미리 ～해야 돼

'提前 tíqián'은 '(예정된 시간이나 기한을) 앞당기다'의 의미로 '～해야 한다'의 의미를 가진 조동사 '要'와 같이 묶어서 사용하면 회화가 쉬워져요.

▶ **김쌤 & 강쌤의 티키타카** ◀

我明天去你家，你要提前多买点儿好吃的。
Wǒ míngtiān qù nǐ jiā, nǐ yào tíqián duō mǎi diǎnr hǎochī de.

那你还是别来了!
Nà nǐ háishi bié lái le!

提前 tíqián 图 앞당기다

김쌤   내일 강쌤 집에 갈 거니까 맛있는 거 미리 많이 사 놔야 돼.
강쌤   그럼 오지 마세요~!

01 你要提前准备。
Nǐ yào tíqián zhǔnbèi.
너는 미리 준비해야 돼.

02 我要提前完成学业。
Wǒ yào tíqián wánchéng xuéyè.
나는 앞당겨 학업을 마쳐야 돼.

03 这家饭店要提前预约。
Zhè jiā fàndiàn yào tíqián yùyuē.
이 호텔은 미리 예약해야 돼요.

学业 xuéyè 명 학업
预约 yùyuē 동 예약하나

04 这件事要提前跟我说。
Zhè jiàn shì yào tíqián gēn wǒ shuō.
이 일은 나에게 미리 말해줘야 돼.

05 你要提前去机场等他。
Nǐ yào tíqián qù jīchǎng děng tā.
너는 미리 공항에 가서 그를 기다려야 돼.

06 你要提前打电话跟他说。
Nǐ yào tíqián dǎ diànhuà gēn tā shuō.
너는 미리 전화해서 그에게 말해줘야 돼.

07 面试前你要提前练习一下！
Miànshì qián nǐ yào tíqián liànxí yíxià!
너 면접 전에 미리 연습해야 돼!

08 毕业前你要提前找好工作。
Bìyè qián nǐ yào tíqián zhǎohǎo gōngzuò.
졸업하기 전에 너는 미리 직장을 구해야 돼.

面试 miànshì 명 면접시험
练习 liànxí 동 연습하다, 익히다
毕业 bìyè 동 졸업하다
辞职 cízhí 동 사직하다

09 早上堵车，我们要提前出发。
Zǎoshang dǔchē, wǒmen yào tíqián chūfā.
아침에 차가 막히니까 우리는 미리 출발해야 돼.

10 辞职的话，你要提前一个月说。
Cízhí de huà, nǐ yào tíqián yí ge yuè shuō.
일을 그만두려면 한 달 전에 말해야 돼요.

012

영상 보기

…也不迟

~해도 늦지 않아

'不迟 bùchí'는 같은 의미를 가진 '不晚 bùwǎn'으로 대체할 수 있으며, 우리말 순서처럼 문장의 끝에 위치시켜 놓아 사용하면 돼요.

▶ **김쌤 & 강쌤의 티키타카** ◀

你先和老公商量一下再买也不迟。
Nǐ xiān hé lǎogōng shāngliang yíxià zài mǎi yě bùchí.

商量什么? 我们家的钱都在我这儿!
Shāngliang shénme? Wǒmen jiā de qián dōu zài wǒ zhèr!

商量 shāngliang 통 상의하다. 의논하다

강쌤   쌤, 먼저 남편과 상의하고 사도 늦지 않잖아요.
김쌤   상의는 무슨? 우리 집 돈은 다 나한테 있는데!

01
现在后悔也不迟。
Xiànzài hòuhuǐ yě bùchí.
지금 후회해도 늦지 않아.

02
现在道歉也不迟。
Xiànzài dàoqiàn yě bùchí.
지금 사과해도 늦지 않아.

后悔 hòuhuǐ [동] 후회하다
道歉 dàoqiàn [동] 사과하다
报名 bàomíng [동] 신청하다, 지원하다

03
现在报名也不迟。
Xiànzài bàomíng yě bùchí.
지금 신청해도 늦지 않아.

04
40岁结婚也不迟。
Sìshí suì jiéhūn yě bùchí.
마흔에 결혼해도 늦지 않아.

05
一会儿准备也不迟。
Yíhuìr zhǔnbèi yě bùchí.
조금 있다가 준비해도 늦지 않아.

06
现在开始运动也不迟。
Xiànzài kāishǐ yùndòng yě bùchí.
지금 운동 시작해도 늦지 않아.

07
我们现在出发也不迟。
Wǒmen xiànzài chūfā yě bùchí.
우리 지금 출발해도 늦지 않아.

出发 chūfā [동] 출발하다
解决 jiějué [동] 해결하다

08
50岁开始学习也不迟。
Wǔshí suì kāishǐ xuéxí yě bùchí.
50세에 공부를 시작해도 늦지 않아.

09
我们先吃饭再去机场也不迟。
Wǒmen xiān chīfàn zài qù jīchǎng yě bùchí.
우리 밥 먼저 먹고 공항에 가도 늦지 않아.

10
这个问题以后慢慢解决也不迟。
Zhège wèntí yǐhòu mànmàn jiějué yě bùchí.
이 문제는 나중에 차차 해결해도 늦지 않아.

영상 보기

…也没用

~해도 소용없어

어떤 방법을 사용해도 소용없고 불가능하다는 표현이에요.

▶ **김쌤 & 강쌤의 티키타카** ◀

你叫我妈妈也没用，我是不会帮你的！
Nǐ jiào wǒ māma yě méiyòng, wǒ shì búhuì bāng nǐ de!

那叫奶奶有用吗？
Nà jiào nǎinai yǒuyòng ma?

别，我还很年轻，没你这么大的孙子。
Bié, wǒ hái hěn niánqīng, méi nǐ zhème dà de sūnzi.

김쌤　　네가 날 엄마라고 불러도 소용없어, 난 널 도와주지 않을 거야!
강쌤　　그럼 할머니라고 하면 소용있는 거예요?
김쌤　　이러지 마, 난 아직 젊어, 쌤처럼 이렇게 큰 손자는 없다고.

01 这件事后悔也没用。
Zhè jiàn shì hòuhuǐ yě méiyòng.
이 일은 후회해도 소용없어.

02 这种病有钱也没用。
Zhè zhǒng bìng yǒu qián yě méiyòng.
이런 병은 돈이 있어도 소용없어.

03 我喜欢也没用，太贵了。
Wǒ xǐhuan yě méiyòng, tài guì le.
내 맘에 들어도 소용없어. 너무 비싸.

04 你撒谎也没用，我有证据。
Nǐ sāhuǎng yě méiyòng, wǒ yǒu zhèngjù.
네가 거짓말을 해도 소용없어, 나는 증거가 있거든.

撒谎 sāhuǎng 통 거짓말을 하다
证据 zhèngjù 명 증거, 근거

05 你现在看书也没用，明天就考试了。
Nǐ xiànzài kàn shū yě méiyòng, míngtiān jiù kǎoshì le.
지금 책을 봐도 소용없어, 내일이 곧 시험이야.

06 你给我打电话也没用，我帮不了你。
Nǐ gěi wǒ dǎ diànhuà yě méiyòng, wǒ bāngbuliǎo nǐ.
나한테 전화해 봤자 소용없어, 난 널 도울 수 없어.

07 换人也没用，这场比赛我们输定了。
Huàn rén yě méiyòng, zhè chǎng bǐsài wǒmen shūdìng le.
사람을 바꿔도 소용없어. 이번 시합은 우리가 질 게 확실해.

08 哭也没用，还是想办法解决问题吧！
Kū yě méiyòng, háishi xiǎng bànfǎ jiějué wèntí ba!
울어도 소용없어, 문제를 해결할 방법을 생각해 봐!

输 shū 통 지다, 패하다
根本 gēnběn 부 전혀

09 你说了也没用，他根本不听你的话。
Nǐ shuō le yě méiyòng, tā gēnběn bù tīng nǐ de huà.
네가 나무라도 소용없어, 그는 너의 말을 전혀 듣지 않아.

10 吃了这么多药也没用，还是去医院看看吧！
Chī le zhème duō yào yě méiyòng, háishi qù yīyuàn kànkan ba!
이렇게 많은 약을 먹어도 소용없으니 병원에 가 보는 것이 좋겠어!

014

영상 보기

A 个屁

A는 개뿔/ A긴 뭐가 A해

'个屁 ge pì'는 형용사 혹은 동사의 뒤에 위치하며, **상대방의 행동이나 말에 대해 나무랄 때** 쓰는 표현이에요.

▶ **김쌤 & 강쌤의 티키타카** ◀

这地瓜真好吃，我们今天也吃地瓜吧！
Zhè dìguā zhēn hǎochī, wǒmen jīntiān yě chī dìguā ba!

吃个屁！昨天吃完地瓜后，你是不是放屁了？
Chī ge pì!　Zuótiān chīwán dìguā hòu, nǐ shìbushì fàngpì le?

地瓜 dìguā 명 고구마
放屁 fàngpì 동 방귀를 뀌다

강쌤　　이 고구마 정말 맛있네. 우리 오늘도 고구마 먹어요!
김쌤　　먹긴 뭘 먹어! 어제 고구마 먹고 나서 너 방귀 뀌었지?

01

他运动个屁! 他懒死了。

Tā yùndòng ge pì! Tā lǎn sǐ le.

걔가 운동은 무슨 운동을 해! 걔는 게을러 터졌어.

02

你懂个屁! 不要不懂装懂。

Nǐ dǒng ge pì! Búyào bùdǒng zhuāngdǒng.

니가 알긴 뭘 알아! 모르면서 아는 척 하지 마.

懒 lǎn 형 게으르다. 나태하다

不懂装懂 bùdǒng zhuāngdǒng
성 모르면서 아는 척하다

遗憾 yíhàn 형 아쉽다

03

难个屁! 这些题老师都教了。

Nán ge pì! Zhèxiē tí lǎoshī dōu jiāo le.

어렵긴 뭐가 어려워! 이 문제들 선생님께서 다 가르쳐 주셨었잖아.

04

玩个屁! 你天天就想着玩儿。

Wán ge pì! Nǐ tiāntiān jiù xiǎngzhe wánr.

놀기는 개뿔! 너는 매일 놀 생각만 하고 있구나.

05

遗憾个屁! 没什么好遗憾的!

Yíhàn ge pì! Méi shénme hǎo yíhàn de!

아쉽기는 개뿔! 아쉬울 게 뭐가 있어!

06

笑个屁! 没见过别人摔倒吗?

Xiào ge pì! Méi jiànguo biérén shuāidǎo ma?

웃기는 뭘 웃어! 다른 사람 넘어지는 거 본 적 없어?

07

学个屁, 太难了, 我不想学了。

Xué ge pì, tài nán le, wǒ bù xiǎng xué le.

배우기는 개뿔! 너무 어려워서 배우고 싶지 않아.

摔倒 shuāidǎo 동 넘어지다

戒烟 jièyān 동 금연하다. 담배를 끊다

08

睡个屁! 都迟到了, 赶紧起床!

Shuì ge pì! Dōu chídào le, gǎnjǐn qǐchuáng!

자긴 뭘 자! 늦었어, 빨리 일어나!

09

他戒个屁! 他根本不可能戒烟的。

Tā jiè ge pì! Tā gēnběn bù kěnéng jiè yān de.

끊기는 개뿔! 그는 도무지 담배를 못 끊어.

10

买个屁! 你都有那么多衣服了, 怎么还买?

Mǎi ge pì! Nǐ dōu yǒu nàme duō yīfu le, zěnme hái mǎi?

사긴 뭘 사! 옷이 그렇게 많은데 왜 또 사니?

015

别再…了

그만 좀 ~해/ 더 이상 ~하지 마

'别…了(~하지 마)'의 패턴을 먼저 외우고, '再'를 넣어 '더는, 더 이상, 이제, 그만'이라는 뜻을 강조하는 이 확장 패턴을 외우세요.

▶ **김쌤 & 강쌤의 티키타카** ◀

别再笑了。
Bié zài xiào le.

为什么? 经常笑, 会越来越年轻。
Wèishénme? Jīngcháng xiào, huì yuèláiyuè niánqīng.

我只看到你的皱纹越来越深了。
Wǒ zhǐ kàndào nǐ de zhòuwén yuèláiyuè shēn le.

皱纹 zhòuwén 명 주름. 주름살. 구김살

강쌤   그만 좀 웃어요.
김쌤   왜? 자꾸 웃으면 점점 젊어지는데.
강쌤   쌤의 주름이 점점 더 깊어지는 것만 보여요.

01
别再哭了。
Bié zài kū le.
그만 좀 울어.

02
别再问了。
Bié zài wèn le.
더 이상 묻지 마.

03
别再抱怨了。
Bié zài bàoyuàn le.
그만 좀 불평해.

抱怨 bàoyuàn 통 원망을 품다. 원망하다
固执 gùzhi 통 고집하다

04
别再固执了。
Bié zài gùzhi le.
더 이상 고집 부리지 마.

05
别再给我打电话了。
Bié zài gěi wǒ dǎ diànhuà le.
더 이상 나한테 전화하지 마.

06
别再催了，我马上就到。
Bié zài cuī le, wǒ mǎshàng jiù dào.
더 이상 재촉하지 마, 곧 도착하니까.

07
别再看了，快去写作业。
Bié zài kàn le, kuài qù xiě zuòyè.
이제 그만 보고 빨리 가서 숙제해.

催 cuī 통 독촉하다. 재촉하다. 다그치다
拍 pāi 통 촬영하다. 사진 찍다
够 gòu 형 충분하다. 족하다
道歉 dàoqiàn 통 사과하다. 사죄하다
借口 jièkǒu 명 구실. 핑계

08
别再拍了，这些照片够了。
Bié zài pāi le, zhèxiē zhàopiàn gòu le.
이제 그만 찍어요, 이 사진으로 충분해요.

09
别再生气了，他都道歉了。
Bié zài shēngqì le, tā dōu dàoqiàn le.
이제 그만 화내, 그가 이미 사과했잖아.

10
别再找借口了，这就是你的错。
Bié zài zhǎo jièkǒu le, zhè jiù shì nǐ de cuò.
더 이상 핑계 대지 마. 이건 네 잘못이야.

016

别再跟 A + B

더 이상 A와(A에게) B하지 마/ 이제 A와(A에게) 그만 B해

A에는 주로 사람 등의 대상이, B에는 행동이 와요.

▶ 김쌤 & 강쌤의 티키타카 ◀

别再跟 我吵了!
Bié zài gēn wǒ chǎo le!

明明是你的错。
Míngmíng shì nǐ de cuò.

你好像忘了我是你老板，你不怕我扣你工资?
Nǐ hǎoxiàng wàng le wǒ shì nǐ lǎobǎn, nǐ bú pà wǒ kòu nǐ gōngzī?

吵 chǎo 동 말다툼하다. 싸우다
明明 míngmíng 부 분명히. 명백히
扣 kòu 동 공제하다. 빼다

김쌤 　이제 그만 싸우자!
강쌤 　분명히 쌤 잘못이에요.
김쌤 　내가 당신 사장이라는 걸 잊은 것 같은데, 월급 깎는 게 두렵지 않은가 봐?

01 别再跟他来往了。
Bié zài gēn tā láiwǎng le.
그와 더 이상 왕래하지 마.

02 别再跟他生气了。
Bié zài gēn tā shēngqì le.
더 이상 그에게 화내지 마.

03 别再跟他开玩笑了。
Bié zài gēn tā kāi wánxiào le.
더 이상 그에게 농담하지 마라.

来往 láiwǎng 동 오고 가다. 왕래하다
顶嘴 dǐngzuǐ 동 말대답하다. 말대꾸하다

04 别再跟我说谢谢了。
Bié zài gēn wǒ shuō xièxie le.
더 이상 나한테 고맙다는 말 하지 마세요.

05 别再跟你妈妈顶嘴了。
Bié zài gēn nǐ māma dǐngzuǐ le.
네 엄마한테 더 이상 대들지 마.

06 别再跟我提这个人了!
Bié zài gēn wǒ tí zhège rén le!
나한테 이 사람 얘기 그만해!

07 别再跟你前女友联系了。
Bié zài gēn nǐ qián nǚyǒu liánxì le.
더 이상 네 전 여친에게 연락하지 마.

提 tí 동 말하다. 말을 꺼내다
联系 liánxì 동 연락하다
撒谎 sāhuǎng 동 거짓말을 하다
酒品 jiǔpǐn 명 술버릇

08 别再跟我借钱了，我真的没钱。
Bié zài gēn wǒ jièqián le, wǒ zhēnde méi qián.
더 이상 나한테 돈을 빌리지 마. 나 정말 돈 없어.

09 别再跟我撒谎了，我都知道了。
Bié zài gēn wǒ sāhuǎng le, wǒ dōu zhīdào le.
나한테 거짓말 그만해. 나 다 알아.

10 别再跟他一起喝酒了，他酒品不好。
Bié zài gēn tā yìqǐ hējiǔ le, tā jiǔpǐn bù hǎo.
더 이상 그 사람하고 술 마시지 마. 그 사람 술버릇이 좋지 않아.

017

别乱⋯/不要乱⋯

함부로 ~하지 마

'别'로만 나타내는 금지 표현보다 더 강하게 표현할 때 사용해요. 부사 '乱'은 '함부로, 제멋대로, 마구'의 의미이며, 동사의 앞에 위치해요. 먼저 '乱+동사' 구조를 익힌 다음에 이 확장 패턴을 연습하세요.

▶ **김쌤 & 강쌤의 티키타카** ◀

别乱摸! 我的头发因为你越来越少了。
Bié luàn mō! Wǒ de tóufa yīnwèi nǐ yuèláiyuè shǎo le.

别找借口! 原来也没多少。
Bié zhǎo jièkǒu! Yuánlái yě méi duōshao.

> 乱 luàn 图 함부로, 제멋대로, 마구
> 摸 mō 통 만지다
> 找借口 zhǎo jièkǒu 통 핑계를 대다. 구실을 찾다

김쌤　함부로 만지지 마! 내 머리숱이 너 때문에 점점 줄잖아.
강쌤　핑계 대지 마세요! 원래 얼마 없었잖아요.

01 别乱说。
Bié luàn shuō.
함부로 말하지 마.

02 别乱按。
Bié luàn àn.
아무렇게나 누르지 마세요.

按 àn 동 (손이나 손가락으로) 누르다
传 chuán 동 전하다
投资 tóuzī 동 투자하다

03 别乱传。
Bié luàn chuán.
함부로 전하지 마라.

04 别乱想。
Bié luàn xiǎng.
함부로 생각하지 마세요.

05 别乱投资。
Bié luàn tóuzī.
함부로 투자하지 마세요.

06 别乱扔垃圾。
Bié luàn rēng lājī.
쓰레기를 함부로 버리지 마.

07 别乱开玩笑。
Bié luàn kāi wánxiào.
함부로 농담하지 마세요.

扔垃圾 rēng lājī 쓰레기를 버리다
动 dòng 동 손대다

08 别乱动别人的东西。
Bié luàn dòng biérén de dōngxi.
남의 물건을 함부로 건드리지 마라.

09 别乱拿，这个不是你的。
Bié luàn ná, zhège búshì nǐ de.
함부로 가져가지 마, 이건 네 것이 아니야.

10 别乱吃药，还是去看医生吧！
Bié luàn chī yào, háishi qù kàn yīshēng ba!
함부로 약 먹지 말고 병원에 가 봐!

018

영상 보기

最好不要A

A하지 않는 게 좋아

'最好'는 형용사술어(가장 좋다)로 쓰일 때는 문장의 뒤에 위치하지만 부사로 쓰일 때는 문장의 앞에 위치해요. 부사로 쓰일 때는 '가장 좋기는 ~, 가장 바람직한 것은 ~'의 의미로, 상대에게 '**~하지 않는 게 좋을 것 같아**'의 어감으로 **권고할 때** 사용해요.

▶ ◁ **김쌤 & 강쌤의 티키타카** ◁

给你个建议！你约会的时候，最好不要穿超短裙。
Gěi nǐ ge jiànyì!　Nǐ yuēhuì de shíhou, zuìhǎo búyào chuān chāoduǎnqún.

不好看吗? 我男朋友说挺好看的。
Bù hǎokàn ma? Wǒ nánpéngyou shuō tǐng hǎokàn de.

他一定视力不太好吧?
Tā yídìng shìlì bú tài hǎo ba?

建议 jiànyì 몡 건의, 제의, 제안
约会 yuēhuì 통 데이트하다
超短裙 chāoduǎnqún 몡 미니스커트
视力 shìlì 몡 시력

김쌤　쌤한테 조언 하나 할게! 데이트할 때 미니스커트는 입지 않는 게 좋을 것 같아.
강쌤　안 예뻐요? 내 남자친구는 예쁘다고 했는데.
김쌤　남자친구 시력이 별로 안 좋지?

01

这件事最好不要告诉他。

Zhè jiàn shì zuìhǎo búyào gàosu tā.

이 일은 그에게 말하지 않는 게 좋아.

02

这种错误最好不要再犯。

Zhè zhǒng cuòwù zuìhǎo búyào zài fàn.

이런 실수는 두 번 다시 저지르지 않는 게 좋아.

犯 fàn 통 저지르다. 범하다
错误 cuòwù 명 실수. 잘못
出院 chūyuàn 통 퇴원하다

03

这件事最好不要让他知道。

Zhè jiàn shì zuìhǎo búyào ràng tā zhīdào.

이 일은 그가 모르게 하는 게 좋아.

04

出院后最好不要马上运动。

Chūyuàn hòu zuìhǎo búyào mǎshàng yùndòng.

퇴원 후에는 바로 운동을 하지 않는 것이 좋다.

05

开会的时候最好不要接电话。

Kāihuì de shíhou zuìhǎo búyào jiē diànhuà.

회의할 때에는 전화를 받지 않는 것이 좋다.

06

最好不要买这种车，很费油。

Zuìhǎo búyào mǎi zhè zhǒng chē, hěn fèiyóu.

이런 차는 안 사는 게 좋아. 기름 많이 먹어.

07

最好不要喝冰水，对身体不好。

Zuìhǎo búyào hē bīngshuǐ, duì shēntǐ bù hǎo.

찬물은 안 먹는 게 좋아. 건강에 좋지 않거든.

费油 fèiyóu 통 기름을 많이 먹다/소비하다
插手 chāshǒu 통 개입하다. 간섭하다. 끼어들다
专业 zhuānyè 명 전공
公公 gōnggong 명 시아버지
婆婆 pópo 명 시어머니

08

他们之间的事情，你最好不要插手。

Tāmen zhī jiān de shìqing, nǐ zuìhǎo búyào chāshǒu.

그들 사이의 일에 너는 끼어들지 않는 게 좋아.

09

最好不要选这个专业，找工作很难。

Zuìhǎo búyào xuǎn zhège zhuānyè, zhǎo gōngzuò hěn nán.

이 전공을 선택하지 않는 것이 좋아요. 일자리 구하기 힘들어요.

10

结婚以后最好不要跟公公婆婆住在一起。

Jiéhūn yǐhòu zuìhǎo búyào gēn gōnggong pópo zhùzài yìqǐ.

결혼 후에는 시부모님과 함께 살지 않는 것이 좋다.

019

영상 보기

千万不要/别…

제발(절대) ~하지 마

'不要/别(~하지 마라)'보다 더 간곡하게 '절대/부디/제발 ~하지 마라'고 할 때 사용하는 표현이에요.

▶ **김쌤 & 강쌤의 티키타카** ◀

老婆生气的时候，千万不要做什么?
Lǎopo shēngqì de shíhou, qiānwàn búyào zuò shénme?

千万不要顶嘴!
Qiānwàn búyào dǐngzuǐ!

千万 qiānwàn 뷔 부디. 제발. 절대로
顶嘴 dǐngzuǐ 통 (주로 윗사람에게) 말대답하다. 말대꾸하다

강쌤   아내가 화났을 때 절대로 뭘 하지 말아야 될까?
남편   절대 말대꾸를 하지 말아야지!

01
酒后千万不要开车。
Jiǔ hòu qiānwàn búyào kāichē.
술 마시고 절대 운전하지 마세요.

02
千万不要被他骗了。
Qiānwàn búyào bèi tā piàn le.
제발 그에게 속지 마세요.

03
千万不要看不起别人。
Qiānwàn búyào kànbuqǐ biérén.
절대로 남을 업신여기지 마라.

骗 piàn 동 속이다. 기만하다
看不起 kànbuqǐ 동 깔보다. 업신여기다

04
千万不要相信他的话。
Qiānwàn búyào xiāngxìn tā de huà.
절대로 그의 말을 믿지 마라.

05
千万不要接这种电话。
Qiānwàn búyào jiē zhè zhǒng diànhuà.
이런 전화는 절대 받지 마세요.

06
千万不要跟老婆说谎。
Qiānwàn búyào gēn lǎopo shuōhuǎng.
아내에게 절대로 거짓말을 하지 마세요.

07
千万不要放弃这次机会。
Qiānwàn búyào fàngqì zhè cì jīhuì.
이번 기회를 절대 놓치지 마라.

说谎 shuōhuǎng 동 거짓말하다
放弃 fàngqì 동 버리다. 포기하다
陌生人 mòshēngrén 명 낯선 사람
胆小 dǎnxiǎo 형 겁 많다. 소심하다
游戏 yóuxì 명 게임
坏 huài 형 상하다

08
千万不要吃陌生人给的东西。
Qiānwàn búyào chī mòshēngrén gěi de dōngxi.
낯선 사람이 주는 것을 절대 먹지 마라.

09
胆小的人千万不要玩儿这个游戏。
Dǎnxiǎo de rén qiānwàn búyào wánr zhège yóuxì.
겁이 많은 사람은 절대 이 게임을 하지 마세요.

10
千万不要买这家店的水果，都是坏的。
Qiānwàn búyào mǎi zhè jiā diàn de shuǐguǒ, dōu shì huài de.
이 가게의 과일은 절대 사지 마세요. 다 상했어요.

020

영상 보기

再A也…

아무리 A해도 ～하다

'再'는 형용사 앞에 쓰여 정도가 더 심함을 나타내요. '更 gèng', '更加 gèngjiā'에 해당되며 뒤에 '也'를 동반하여 뜻을 더욱 강조해요.

▶ **김쌤 & 강쌤의 티키타카** ◀

你再伤心也得吃饭啊！
Nǐ zài shāngxīn yě děi chīfàn a!

是啊！我中午吃得太少了，只吃了五个包子。
Shì a!   Wǒ zhōngwǔ chī de tài shǎo le, zhǐ chī le wǔ ge bāozi.

伤心 shāngxīn 동 상심하다. 슬퍼하다

김쌤   아무리 슬퍼도 밥은 먹어야지!
강쌤   네! 점심을 너무 적게 먹었어요. 찐빵 다섯 개 밖에 안 먹었다고요.

01

工作再累也得干。

Gōngzuò zài lèi yě děi gàn.

일이 아무리 힘들어도 해야 한다.

02

困难再大也得克服。

Kùnnan zài dà yě děi kèfú.

어려움이 아무리 커도 극복해야 해.

困难 kùnnan 형 곤란하다, 어렵다

克服 kèfú 동 극복하다

严厉 yánlì 형 엄하다, 엄격하다

穷 qióng 형 가난하다, 구차하다

用不着 yòngbuzháo 형 필요없다

03

他再严厉也是你爸爸。

Tā zài yánlì yě shì nǐ bàba.

그가 아무리 엄해도 너의 아버지이다.

04

我再穷也用不着你帮忙。

Wǒ zài qióng yě yòngbuzháo nǐ bāngmáng.

내가 아무리 가난해도 네 도움은 필요 없어.

05

这篇课文再长也要读完。

Zhè piān kèwén zài cháng yě yào dúwán.

이 본문은 아무리 길어도 다 읽어야 한다.

06

你再穷也不该偷东西啊!

Nǐ zài qióng yě bù gāi tōu dōngxi a!

네가 아무리 가난해도 도둑질을 해서는 안 되는 거야!

07

你再生气也不能打人啊!

Nǐ zài shēngqì yě bùnéng dǎrén a!

네가 아무리 화가 나도 사람을 때리면 안 돼!

偷 tōu 동 훔치다, 도둑질하다

坚持 jiānchí 동 견지하다, 끝까지 버티다

竞争 jìngzhēng 명 경쟁

激烈 jīliè 형 격렬하다, 치열하다

放弃 fàngqì 동 포기하다

08

这件事再难也要坚持下去。

Zhè jiàn shì zài nán yě yào jiānchí xiàqù.

이 일은 아무리 어려워도 버텨 나가야 한다.

09

竞争再激烈我们也不能放弃。

Jìngzhēng zài jīliè wǒmen yě bùnéng fàngqì.

경쟁이 아무리 치열해도 우리는 포기해서는 안 돼.

10

你再不满意也不能说出来啊!

Nǐ zài bù mǎnyì yě bùnéng shuōchūlái a!

네가 아무리 마음에 안 들어도 말을 하면 안 돼!

PART

02

음성 듣기

再也不…了

다시는/더 이상 ~하지 않을 거야

어떤 일을 하지 않겠다는 다짐이나 결심 등을 할 때 쓰는 표현이에요.

▶ **김쌤 & 강쌤의 티키타카** ◀

 我再也受不了你的脾气了，我不干了。
Wǒ zài yě shòubuliǎo nǐ de píqi le, wǒ bú gàn le.

 啊！我本来想说从今天开始涨工资呢…
Ā!　Wǒ běnlái xiǎng shuō cóng jīntiān kāishǐ zhǎng gōngzī ne…

 …我开玩笑的！
… Wǒ kāi wánxiào de!

> 受不了 shòubuliǎo 통 참을 수 없다. 견딜 수 없다
> 脾气 píqi 명 성격. 기질. 성질
> 开玩笑 kāi wánxiào 통 농담을 하다. 놀리다

강쌤　　더 이상 원장쌤의 성질을 참을 수 없어요. 저 관둘래요.
김쌤　　아! 오늘부터 월급 올려 준다고 말할 생각이었는데…
강쌤　　… 농담한 거예요!

01
我再也不抽烟了。
Wǒ zài yě bù chōuyān le.
나 다시는 담배 안 피울 거야.

02
我再也不骂人了。
Wǒ zài yě bú màrén le.
다시는 다른 사람을 욕하지 않을 거야.

抽烟 chōuyān 동 담배를 피우다
骂 mà 동 욕하다
命令 mìnglìng 동 명령하다
欠 qiàn 동 빚지다. 빌어 쓰고 갚지 못하다

03
我再也不命令你了。
Wǒ zài yě bú mìnglìng nǐ le.
다시는 너에게 명령하지 않을게.

04
我以后再也不喝酒了。
Wǒ yǐhòu zài yě bù hējiǔ le.
앞으로 다신 술 안 마실 거야.

05
我再也不欠别人钱了。
Wǒ zài yě bú qiàn biérén qián le.
나는 다시는 다른 사람에게 빚을 지지 않을 거야.

06
这样的事我再也不干了。
Zhèyàng de shì wǒ zài yě bú gàn le.
이런 일을 나는 다시는 하지 않을 거야.

07
我错了，再也不撒谎了。
Wǒ cuò le, zài yě bù sāhuǎng le.
제가 잘못 했어요. 다시는 거짓말 안 할게요.

08
我再也不会相信你的话了。
Wǒ zài yě búhuì xiāngxìn nǐ de huà le.
나는 다시는 너의 말을 믿지 않을 거야.

09
我再也不来这儿做按摩了。
Wǒ zài yě bù lái zhèr zuò ànmó le.
나는 다시는 여기에 와서 마사지를 받지 않을 거야.

按摩 ànmó 명 안마

10
对不起，我再也不迟到了。
Duìbuqǐ, wǒ zài yě bù chídào le.
죄송해요. 다시는 지각하지 않을게요.

再也没…过

다시는 ～하지 않았다/ 더 이상 ～한 적이 없다

패턴 021의 과거형으로 이해하면 쉬워요. 또한 말하고자 하는 내용을 더 명확하게 하기 위해 **문장 앞에 과거의 어느 시점을 제시**할 수 있어요.

▶ **김쌤 & 강쌤의 티키타카** ◀

我上大学的时候特别瘦，但毕业以后再也没瘦过。
Wǒ shàng dàxué de shíhou tèbié shòu, dàn bìyè yǐhòu zài yě méi shòuguo.

所以你上大学的时候多重？
Suǒyǐ nǐ shàng dàxué de shíhou duō zhòng?

140斤。
Yìbǎi sìshí jīn.

瘦 shòu 형 마르다. 여위다
毕业 bìyè 동 졸업하다

강쌤 저 대학 다닐 때 엄청 말랐었잖아요. 근데 졸업하고 나서는 더 이상 말라본 적이 없네요.
김쌤 그래서 대학 다닐 때 몸무게가 얼마였는데?
강쌤 140근(= 70kg)이요.

01

从那件事以后他再也没笑过。
Cóng nà jiàn shì yǐhòu tā zài yě méi xiàoguo.
그 일 이후로 그는 다시는 웃지 않았다.

02

从那以后，我再也没谈过恋爱。
Cóng nà yǐhòu, wǒ zài yě méi tánguo liàn'ài.
그 이후로 나는 다시는 연애를 하지 않았다.

03

从那以后，他再也没跟我联系过。
Cóng nà yǐhòu, tā zài yě méi gēn wǒ liánxì guo.
그날 이후 그는 다시는 나에게 연락하지 않았다.

谈恋爱 tán liàn'ài 동 연애하다
联系 liánxì 동 연락하다

04

从那以后，他再也没提过这件事。
Cóng nà yǐhòu, tā zài yě méi tíguo zhè jiàn shì.
그 이후로 그는 더 이상 이 일을 거론한 적이 없다.

05

从胖了以后我再也没穿过这件衣服。
Cóng pàng le yǐhòu wǒ zài yě méi chuānguo zhè jiàn yīfu.
살이 찐 후로 나는 다시는 이 옷을 입지 않았다.

06

他的病好了以后，再也没进过医院。
Tā de bìng hǎo le yǐhòu, zài yě méi jìnguo yīyuàn.
그는 병이 나은 후 더 이상 병원에 입원한 적이 없다.

07

自从小学以后，我再也没考过第一名。
Zìcóng xiǎoxué yǐhòu, wǒ zài yě méi kǎoguo dì yī míng.
초등학교 이후로 나는 더 이상 1등을 한 적이 없다.

分手 fēnshǒu 동 헤어지다, 이별하다
演 yǎn 동 공연하다, 연기하다
主角 zhǔjué 명 주인공
抢 qiǎng 동 빼앗다

08

和你分手以后，我再也没喜欢过别人。
Hé nǐ fēnshǒu yǐhòu, wǒ zài yě méi xǐhuan guo biérén.
너와 헤어진 후 나는 다른 사람을 더 이상 좋아한 적이 없어.

09

从那部电影以后，他再也没演过主角。
Cóng nà bù diànyǐng yǐhòu, tā zài yě méi yǎnguo zhǔjué.
그 영화 이후로 그는 더 이상 주연을 맡은 적이 없다.

10

从那以后，我再也没抢过弟弟的东西。
Cóng nà yǐhòu, wǒ zài yě méi qiǎngguo dìdi de dōngxi.
그 이후로 나는 더 이상 동생의 물건을 빼앗아 본 적이 없다.

023

영상 보기

从来没…过

지금까지 한 번도 ~해 본 적 없어

'从来 cónglái'는 '여태껏, 지금까지, 이제껏'의 뜻이며 주로 '没＋술어＋过'의 형식과 함께 쓰여요. **과거에 경험이 전혀 없음을 강조**하는 표현이에요.

 吃过 먹어 본 적 있다 ➡ 没吃过 먹어 본 적 없다 ➡ 还没吃过 아직 먹어 본 적 없다 ➡ 从来没吃过 여태껏 먹어 본 적 없다

▶ **김쌤 & 강쌤의 티키타카** ◀

 我做的菜怎么样?
Wǒ zuò de cài zěnmeyàng?

是不是从来没吃过这么好吃的菜?
Shìbushì cónglái méi chīguo zhème hǎochī de cài?

 我很喜欢你这种没有根据的自信。
Wǒ hěn xǐhuan nǐ zhè zhǒng méiyǒu gēnjù de zìxìn.

根据 gēnjù 몡 근거

강쌤   제가 만든 요리 어때요?
        이렇게 맛있는 요리 먹어 본 적 없지요?
김쌤   난 쌤의 이런 근거 없는 자신감이 너무 마음에 든다니까.

01
我从来没**胖**过。
Wǒ cónglái méi pàngguo.
나는 지금까지 한 번도 살찐 적이 없어.

02
我从来没**做**过**饭**。
Wǒ cónglái méi zuòguo fàn.
나는 지금까지 한 번도 밥을 해 본 적이 없어.

03
我从来没**迟到**过。
Wǒ cónglái méi chídào guo.
나는 지금까지 한 번도 지각한 적 없어.

撒谎 sāhuǎng 통 거짓말을 하다
批评 pīpíng 통 비평하다, 장단점을 지적하다

04
我从来没**撒**过**谎**。
Wǒ cónglái méi sāguo huǎng.
나는 지금까지 한 번도 거짓말을 한 적 없어.

05
我从来没**批评**过你。
Wǒ cónglái méi pīpíng guo nǐ.
나는 지금까지 한 번도 너를 혼낸 적이 없어.

06
我从来没**去**过中国。
Wǒ cónglái méi qùguo Zhōngguó.
나는 지금까지 한 번도 중국에 가 본 적이 없어.

07
我从来没**谈**过**恋爱**。
Wǒ cónglái méi tánguo liàn'ài.
나는 지금까지 한 번도 연애를 해 본 적이 없어.

08
你从来没**涨**过**工资**。
Nǐ cónglái méi zhǎngguo gōngzī.
당신은 지금까지 한 번도 월급을 올려 준 적이 없어요.

表扬 biǎoyáng 통 칭찬하다
买单 mǎidān 통 계산하다, 지불하다

09
你从来没有**表扬**过我。
Nǐ cónglái méiyǒu biǎoyáng guo wǒ.
너는 지금까지 한 번도 나를 칭찬한 적이 없어.

10
江老师从来没**买**过**单**。
Jiāng lǎoshī cónglái méi mǎiguo dān.
강 선생님은 지금까지 한 번도 계산을 한 적이 없어.

024

怎么都不(没)A

도무지/도저히 A ~하지 않다

'怎么也'는 '아무리 ~해도, 도무지'의 의미이며, '都'는 같은 의미를 가진 '也'로 대체할 수 있어요. 뒤에 '不'나 '没'가 오는 것에 주의하세요.

▶◀ **김쌤 & 강쌤의 티키타카** ◀▶

 我怎么都想不明白，我怎么这么漂亮？
Wǒ zěnme dōu xiǎng bù míngbai, wǒ zěnme zhème piàoliang?

 我也是。一想到你，我就怎么都睡不着。
Wǒ yě shì. Yì xiǎngdào nǐ, wǒ jiù zěnme dōu shuìbuzháo.

 因为我的美吗？
Yīnwèi wǒ de měi ma?

 不是，我怎么都不理解，你怎么这么自恋？
Búshì, wǒ zěnme dōu bù lǐjiě, nǐ zěnme zhème zìliàn?

自恋 zìliàn 통 자기애가 강하다

김쌤 난 도무지 모르겠어. 나 왜 이렇게 예쁜 거야?
강쌤 저도 그래요. 쌤 생각만 하면 도무지 잠이 안 온다고요.
김쌤 내 아름다움 때문에?
강쌤 아니요, 도무지 이해가 안 가. 쌤은 어쩜 이렇게 자기애가 강한 거예요?

01

他怎么都不**承认**。

Tā zěnme dōu bù chéngrèn.

그는 도무지 인정을 하지 않아요.

02

我怎么都没**办法恨你**。

Wǒ zěnme dōu méi bànfǎ hèn nǐ.

당신을 도저히 미워할 수가 없어요.

承认 chéngrèn 동 승인하다, 허가하다, 동의하다
恨 hèn 동 원망하다, 미워하다
说服 shuōfú 동 설복하다, 설득하다, 납득시키다

03

我怎么都**说服**不了他。

Wǒ zěnme dōu shuōfú buliǎo tā.

아무리 해도 그를 설득할 수 없네요.

04

他的话我怎么都**听不懂**。

Tā de huà wǒ zěnme dōu tīngbudǒng.

그의 말을 나는 도무지 알아들을 수가 없어.

05

我怎么也**想**不**起他的名字**。

Wǒ zěnme yě xiǎngbuqǐ tā de míngzi.

도무지 그의 이름이 생각이 안 나.

06

我怎么都**拒绝**不**了他的好意**。

Wǒ zěnme dōu jùjué buliǎo tā de hǎoyì.

나는 도무지 그의 호의를 거절할 수 없었어요.

07

我怎么都不**能接受这个事实**。

Wǒ zěnme dōu bùnéng jiēshòu zhège shìshí.

나는 도저히 이 사실을 받아들일 수 없어.

拒绝 jùjué 동 거절하다, 거부하다
好意 hǎoyì 명 호의, 선의
接受 jiēshòu 동 받아들이다, 수락하다
事实 shìshí 명 사실

08

怎么都**找**不**到你送我的那件衣服**。

Zěnme dōu zhǎobudào nǐ sòng wǒ de nà jiàn yīfu.

네가 선물한 그 옷을 아무리 찾아도 찾을 수 없어.

09

几天前我做了个梦，怎么也**忘**不**掉**。

Jǐ tiān qián wǒ zuò le ge mèng, zěnme yě wàngbudiào.

며칠 전에 꿈을 꿨는데 도무지 잊을 수가 없어.

10

我怎么都**想**不**明白，事情怎么会变成这样**。

Wǒ zěnme dōu xiǎng bu míngbai, shìqing zěnme huì biànchéng zhèyàng.

일이 어떻게 이렇게 되었는지 도무지 알 수가 없어.

我告诉你 A

내가 너한테 A를 알려 줄게

'告诉'는 간접목적어(你)와 직접목적어(A), 즉 목적어를 두 개 가질 수 있는 동사예요. 이런 동사에는 '给(주다)', '教(가르치다)', '借(빌리다)', '还(돌려주다)', '送(선물하다)', '问(물어보다)', '答应(약속하다)' 등이 있어요.

▶ **김쌤 & 강쌤의 티키타카** ◀

我告诉你一个秘密。
Wǒ gàosu nǐ yí ge mìmì.

什么?
Shénme?

我150斤了。
Wǒ yìbǎi wǔshí jīn le.

这个好像不是秘密吧? 大家都能看出来。
Zhège hǎoxiàng búshì mìmì ba? Dàjiā dōu néng kànchūlái.

秘密 mìmì 명 비밀

강쌤   제가 쌤께 비밀 하나 알려 줄게요.
김쌤   뭔데?
강쌤   저 150근(75kg) 됐어요.
김쌤   이건 비밀이 아닌 거 같은데? 다들 보면 알 수 있을 거야.

01
我告诉你怎么去。
Wǒ gàosu nǐ zěnme qù.
내가 너에게 어떻게 가는지 말해 줄게.

02
不要告诉他这件事。
Búyào gàosu tā zhè jiàn shì.
이 일은 그에게 알려 주지 마.

03
他告诉我他要搬家了。
Tā gàosu wǒ tā yào bānjiā le.
그는 내게 그가 이사를 갈 거라고 알려 주었다.

搬家 bānjiā 통 이사하다. 집을 옮기다

04
我告诉你问题出在哪儿。
Wǒ gàosu nǐ wèntí chū zài nǎr.
내가 너에게 문제가 어디에 있는지 말해 줄게.

05
请告诉我这道题怎么做。
Qǐng gàosu wǒ zhè dào tí zěnme zuò.
이 문제를 어떻게 푸는지 가르쳐 주세요.

06
你告诉我你到底想干什么。
Nǐ gàosu wǒ nǐ dàodǐ xiǎng gàn shénme.
너 도대체 뭘 하려는 건지 나한테 말해.

07
谁能告诉我发生了什么事儿?
Shéi néng gàosu wǒ fāshēng le shénme shìr?
누가 나에게 무슨 일이 일어났는지 말해 줄 수 있나요?

08
我没告诉他我的银行卡密码。
Wǒ méi gàosu tā wǒ de yínhángkǎ mìmǎ.
나는 그에게 내 은행 카드 비밀번호를 알려 주지 않았다.

到底 dàodǐ 부 도대체
密码 mìmǎ 명 비밀번호. 패스워드
故事 gùshi 명 고사. 이야기
道理 dàoli 명 도리. 일리. 이치

09
这个故事告诉我们一个道理。
Zhège gùshi gàosu wǒmen yí ge dàoli.
이 이야기는 우리에게 한 가지 이치를 알려 준다.

10
你帮我告诉他老师正在找他。
Nǐ bāng wǒ gàosu tā lǎoshī zhèngzài zhǎo tā.
네가 그에게 선생님이 그를 찾고 있다고 알려 줘.

영상 보기

我告诉你/我跟你说，…

잘 들어/ 들어봐

스스로의 말이나 정보 등이 매우 중요하다고 생각되어 상대방으로 하여금 자신의 말에 집중하도록 하게 하는 표현이에요.

▶ **김쌤 & 강쌤의 티키타카** ◀

我跟你说，他女朋友比他大十岁。
Wǒ gēn nǐ shuō, tā nǚpéngyou bǐ tā dà shí suì.

有没有人跟你说，你太八卦了？
Yǒu méiyǒu rén gēn nǐ shuō, nǐ tài bāguà le?

八卦 bāguà 통 이러쿵저러쿵 시비하다. 헛소문을 말하다

김쌤   들어봐, 걔 여자친구가 걔보다 열 살이나 많대.
강쌤   쌤한테 이렇게 말하는 사람 없어요? 남 얘기 하는 거 너무 좋아한다고.

01 我告诉你，我不干了！
Wǒ gàosu nǐ, wǒ bú gàn le!
잘 들으세요, 저 관둘래요!

02 我告诉你，我现在很生气。
Wǒ gàosu nǐ, wǒ xiànzài hěn shēngqì.
잘 들어, 나 지금 화났어.

报仇 bàochóu 동 원수를 갚다. 복수하다
老板 lǎobǎn 명 사장
再婚 zàihūn 동 재혼하다

03 我告诉你，我会向你报仇的。
Wǒ gàosu nǐ, wǒ huì xiàng nǐ bàochóu de.
잘 들어! 너한테 복수할 거야.

04 我跟你说，我们老板太坏了。
Wǒ gēn nǐ shuō, wǒmen lǎobǎn tài huài le.
들어봐, 우리 사장님은 너무 나빠.

05 我跟你说，听说他又再婚了。
Wǒ gēn nǐ shuō, tīngshuō tā yòu zàihūn le.
잘 들어봐, 그 사람 또 재혼한대.

06 我告诉你，这是我最后一次帮你。
Wǒ gàosu nǐ, zhè shì wǒ zuìhòu yí cì bāng nǐ.
잘 들어. 이번이 마지막으로 널 도와주는 거야.

07 我告诉你，他们俩吵架了，可能要离婚。
Wǒ gàosu nǐ, tāmen liǎ chǎojià le, kěnéng yào líhūn.
들어봐, 그 두 사람 싸워서 아마 이혼할 것 같아.

吵架 chǎojià 동 다투다. 말다툼하다
分手 fēnshǒu 동 헤어지다. 이별하다
升职 shēngzhí 동 승진하다. 진급하다
中奖 zhòngjiǎng 동 당첨되다
洗发水 xǐfàshuǐ 명 샴푸

08 我跟你说，听说他儿子马上就要升职了。
Wǒ gēn nǐ shuō, tīngshuō tā érzi mǎshàng jiù yào shēngzhí le.
내 얘기 좀 들어봐, 그 사람 아들이 곧 승진한대.

09 我跟你说，我中奖了，中了一瓶洗发水。
Wǒ gēn nǐ shuō, wǒ zhòngjiǎng le, zhòng le yì píng xǐfàshuǐ.
들어봐, 내가 당첨됐어. 샴푸 한 병 당첨되었다니까.

10 我跟你说，他们俩分手了，你的机会来了。
Wǒ gēn nǐ shuō, tāmen liǎ fēnshǒu le, nǐ de jīhuì lái le.
잘 들어봐, 걔네 둘 헤어졌어. 너한테 기회가 왔다고.

027

你答应我 A

A한다고 약속해

'答应 dāying'은 '回答'와는 좀 다른 '대답하다'의 의미로 '~을 하겠노라'고 **동의하거나 승낙할 때 하는 대답**이므로 '약속하다'로 해석이 가능해요.

▶ **김쌤 & 강쌤의 티키타카** ◀

老公，我告诉你一件事，你答应我别生气。
Lǎogōng, wǒ gàosu nǐ yí jiàn shì, nǐ dāying wǒ bié shēngqì.

你说，我不生气。
Nǐ shuō, wǒ bù shēngqì.

你昨天刚发的工资被我花光了。
Nǐ zuótiān gāng fā de gōngzī bèi wǒ huāguāng le.

答应 dāying 동 약속하다. 동의하다. 승낙하다
工资 gōngzī 명 임금. 월급

강쌤 여보야, 한 가지 말할 게 있는데, 화내지 않겠다고 약속해 줘.
남편 말해, 화 안 낼게.
강쌤 여보가 어제 받은 월급 내가 다 써버렸어.

01 我答应他以后常来看他。
Wǒ dāying tā yǐhòu cháng lái kàn tā.
앞으로 자주 그를 보러 오겠다고 약속했어.

02 男朋友答应明天陪我逛街。
Nánpéngyou dāying míngtiān péi wǒ guàngjiē.
남자친구가 내일 나랑 같이 쇼핑하러 간다고 약속했어.

> 逛街 guàngjiē 동 거리를 쏘다니다. 쇼핑하다
> 重新 chóngxīn 부 다시. 새로이. 처음부터

03 我没答应前男友重新开始。
Wǒ méi dāying qián nányou chóngxīn kāishǐ.
나는 전 남자친구에게 다시 시작하겠다고 약속 안 했어.

04 你答应我跟他分手，好吗？
Nǐ dāying wǒ gēn tā fēnshǒu, hǎo ma?
그 사람과 헤어지겠다고 약속해 줄래?

05 你答应我不要酒后开车，好吗？
Nǐ dāying wǒ búyào jiǔ hòu kāichē, hǎo ma?
음주운전 하지 않겠다고 약속해 줄래?

06 妈妈答应我明天去游乐场玩儿。
Māma dāying wǒ míngtiān qù yóulèchǎng wánr.
엄마가 내일 놀이공원에 놀러 간다고 약속했어.

07 我答应你以后不买这么多化妆品。
Wǒ dāying nǐ yǐhòu bù mǎi zhème duō huàzhuāngpǐn.
앞으로 이렇게 많은 화장품을 사지 않는다고 약속할게.

> 游乐场 yóulèchǎng 명 놀이공원
> 化妆品 huàzhuāngpǐn 명 화장품
> 危险 wēixiǎn 형 위험하다

08 我答应你以后不做这么危险的事儿。
Wǒ dāying nǐ yǐhòu bú zuò zhème wēixiǎn de shìr.
앞으로 이런 위험한 일을 하지 않는다고 약속할게.

09 我答应爸爸要好好儿学习，考个好成绩。
Wǒ dāying bàba yào hǎohāor xuéxí, kǎo ge hǎo chéngjì.
나는 아빠한테 열심히 공부해서 좋은 성적을 받겠다고 약속했어.

10 我答应你以后努力学习，考一个好大学。
Wǒ dāying nǐ yǐhòu nǔlì xuéxí, kǎo yí ge hǎo dàxué.
앞으로 열심히 공부해서 좋은 대학에 합격하겠다고 너에게 약속할게.

我跟Ａ约好了…

나는 A와 ～하기로 했어

'约好'의 '好'는 결과보어로, 동사 뒤에 붙어 '이미 ～했다', '벌써 ～했다'의 정해진 사실을 말해요.

▶ **김쌤 & 강쌤의 티키타카** ◀

我跟老公约好了下辈子也要在一起。
Wǒ gēn lǎogōng yuēhǎo le xià bèizi yě yào zài yìqǐ.

别说了，我要吐了。
Bié shuō le, wǒ yào tù le.

> 下辈子 xià bèizi 내세. 다음 생
> 吐 tù 동 구토하다. 게우다. 토하다

강쌤   저 남편과 다음 생에도 함께하기로 약속했어요.
김쌤   그만해, 토할 것 같아.

01
我跟他约好了在这儿见面。
Wǒ gēn tā yuēhǎo le zài zhèr jiànmiàn.
나 걔랑 여기에서 만나기로 약속했어.

02
我跟朋友约好了一起吃饭。
Wǒ gēn péngyou yuēhǎo le yìqǐ chīfàn.
나 친구랑 같이 밥 먹기로 했어.

生孩子 shēng háizi 동 아이를 낳다
暑假 shǔjià 명 여름 방학, 여름휴가

03
我跟老公约好了不生孩子。
Wǒ gēn lǎogōng yuēhǎo le bù shēng háizi.
나는 남편과 아이를 낳지 않기로 했다.

04
我跟老公约好了我做饭他洗碗。
Wǒ gēn lǎogōng yuēhǎo le wǒ zuòfàn tā xǐwǎn.
나는 남편과 나는 밥을 하고 그는 설거지를 하기로 약속했다.

05
我跟朋友约好了暑假一起去旅游。
Wǒ gēn péngyou yuēhǎo le shǔjià yìqǐ qù lǚyóu.
나는 친구와 여름 방학에 함께 여행을 가기로 약속했다.

06
我跟儿子约好了以后不会发脾气。
Wǒ gēn érzi yuēhǎo le yǐhòu búhuì fā píqi.
나는 아들한테 앞으로 화내지 않겠다고 약속했어.

07
我跟男朋友约好了一起过圣诞节。
Wǒ gēn nánpéngyou yuēhǎo le yìqǐ guò Shèngdàn Jié.
나는 남자친구와 크리스마스를 함께 보내기로 약속했다.

发脾气 fā píqi 동 화를 내다, 성질을 내다
圣诞节 Shèngdàn Jié 명 크리스마스, 성탄절
一辈子 yíbèizi 명 한평생, 일생
首尔大学 Shǒu'ěr Dàxué 고유 서울대학교
放鸽子 fàng gēzi 동 바람을 맞히다

08
我跟他约好了要做一辈子的好朋友。
Wǒ gēn tā yuēhǎo le yào zuò yíbèizi de hǎo péngyou.
나는 그와 평생 좋은 친구가 되기로 약속했다.

09
我跟最好的朋友约好了一起考首尔大学。
Wǒ gēn zuìhǎo de péngyou yuēhǎo le yìqǐ kǎo Shǒu'ěr Dàxué.
나는 가장 친한 친구와 함께 서울대에 가기로 약속했다.

10
我跟男朋友约好了逛街，但他放我鸽子了。
Wǒ gēn nánpéngyou yuēhǎo le guàngjiē, dàn tā fàng wǒ gēzi le.
남자친구와 쇼핑 약속을 했는데 그가 나를 바람맞혔다.

我知道 A

나는 A를 알아

'知道'는 단어 한 개가 아닌 문장 전체를 목적어로 가질 수 있는 아주 특별한 동사예요. 이런 동사에는 '希望(희망하다)', '觉得(~라고 생각하다)', '认为(여기다)', '以为(생각하다)', '打算(~하려고 하다)', '决定(결정하다)' 등이 있어요.

▶ **김쌤 & 강쌤의 티키타카** ◀

你知道我在想什么吗?
Nǐ zhīdào wǒ zài xiǎng shénme ma?

不是让我加班，就是让我打扫。
Búshì ràng wǒ jiābān, jiù shì ràng wǒ dǎsǎo.

你真是聪明!
Nǐ zhēnshi cōngming!

加班 jiābān 동 초과 근무하다. 잔업하다
打扫 dǎsǎo 동 청소하다
聪明 cōngming 형 총명하다. 똑똑하다

김쌤　　내가 지금 무슨 생각을 하고 있는지 알아?
강쌤　　저 야근시키는 거 아니면 청소시키는 거요?
김쌤　　정말 똑똑한데?

01 我**不知道**这个问题的答案。
Wǒ bù zhīdào zhège wèntí de dá'àn.
난 이 문제의 답을 몰라.

02 我**知道**该怎么做。
Wǒ zhīdào gāi zěnme zuò.
난 어떻게 해야 할지 알고 있어.

03 有些事**不知道**比较好。
Yǒu xiē shì bù zhīdào bǐjiào hǎo.
어떤 일은 모르는 게 좋아.

答案 dá'àn 명 답안. 답
藏 cáng 통 숨다. 숨기다. 감추다

04 我**知道**你是什么意思。
Wǒ zhīdào nǐ shì shénme yìsi.
나는 네가 무슨 말을 하는지 알고 있어.

05 我**知道**他把钱藏在哪儿。
Wǒ zhīdào tā bǎ qián cángzài nǎr.
난 그가 돈을 어디에 숨겼는지 알고 있어.

06 我**不知道**今晚吃什么好。
Wǒ bù zhīdào jīnwǎn chī shénme hǎo.
오늘 저녁에 뭘 먹어야 좋을지 모르겠네.

07 我**不知道**自己做得对不对。
Wǒ bù zhīdào zìjǐ zuò de duìbuduì.
나는 내기 하는 게 옳은 건지 옳지 않은 건지 모르겠어.

08 你怎么**知道**我喜欢玫瑰花？
Nǐ zěnme zhīdào wǒ xǐhuan méiguīhuā?
너 내가 장미 좋아하는 거 어떻게 알았어?

玫瑰花 méiguīhuā 명 장미
快递 kuàidì 명 택배

09 大家都**不知道**他为什么没来。
Dàjiā dōu bù zhīdào tā wèishénme méi lái.
모두들 그가 왜 오지 않았는지 모른다.

10 我**不知道**快递什么时候能来。
Wǒ bù zhīdào kuàidì shénme shíhou néng lái.
택배가 언제 올지 모르겠어.

영상 보기

你知道 A 多 B 吗?

A가 얼마나 B한 줄 알아?

강조하거나 반어적 표현을 하고자 할 때 쓰는 표현이에요.

김쌤 & 강쌤의 티키타카

你知道我多喜欢你吗?
Nǐ zhīdào wǒ duō xǐhuan nǐ ma?

那么喜欢我的话，就涨工资吧!
Nàme xǐhuan wǒ de huà, jiù zhǎng gōngzī ba!

你知道我多喜欢你吗?
Nǐ zhīdào wǒ duō xǐhuan nǐ ma?

那么喜欢我的话，就加班吧!
Nàme xǐhuan wǒ de huà, jiù jiābān ba!

김쌤	내가 널 얼마나 좋아하는지 알아?
강쌤	그렇게 저를 좋아하면, 월급 올려주세요!
	제가 원장쌤을 얼마나 좋아하는지 아세요?
김쌤	그렇게 나를 좋아하면, 야근해!

01 你知道**你**多**重**吗?
Nǐ zhīdào nǐ duō zhòng ma?
네가 얼마나 무거운 줄 알아?

02 你知道**我**多**努力**吗?
Nǐ zhīdào wǒ duō nǔlì ma?
내가 얼마나 열심히 했는지 알아?

03 你知道**我**多**想你**吗?
Nǐ zhīdào wǒ duō xiǎng nǐ ma?
내가 얼마나 보고 싶었는지 알아?

04 你知道**他**多**厉害**吗?
Nǐ zhīdào tā duō lìhai ma?
그가 얼마나 대단한지 아세요?

厉害 lìhai 형 대단하다. 굉장하다
担心 dānxīn 동 염려하다. 걱정하다

05 你知道**我**多**担心你**吗?
Nǐ zhīdào wǒ duō dānxīn nǐ ma?
내가 얼마나 너를 걱정하는지 알아?

06 你知道**我当时**多**伤心**吗?
Nǐ zhīdào wǒ dāngshí duō shāngxīn ma?
내가 그때 얼마나 속상했는지 알아?

07 你知道**你对我**多**重要**吗?
Nǐ zhīdào nǐ duì wǒ duō zhòngyào ma?
당신이 나에게 얼마나 중요한지 이세요?

当时 dāngshí 명 당시. 그 때
辛苦 xīnkǔ 형 고생스럽다. 수고롭다
提问 tíwèn 동 질문하다
紧张 jǐnzhāng 형 긴장하다

08 你知道**这件衣服**多**贵**吗?
Nǐ zhīdào zhè jiàn yīfu duō guì ma?
너 이 옷이 얼마나 비싼지 알아?

09 你知道**这份工作**多**辛苦**吗?
Nǐ zhīdào zhè fèn gōngzuò duō xīnkǔ ma?
이 일이 얼마나 힘든 줄 아세요?

10 你知道**老师提问的时候，我**多**紧张**吗?
Nǐ zhīdào lǎoshī tíwèn de shíhou, wǒ duō jǐnzhāng ma?
선생님께서 질문하실 때 내가 얼마나 긴장했는지 알아?

031

영상 보기

决定A

A하기로 결정했어/결심했어

'决定 juédìng'은 '결정하다, 결심하다'는 뜻의 동사로 단어, 혹은 문장 전체를 목적어로 가지고 올 수 있어요.

▶ **김쌤 & 강쌤의 티키타카** ◀

我决定做我想做的事情，不会再在意别人怎么看。
Wǒ juédìng zuò wǒ xiǎng zuò de shìqing, búhuì zài zàiyì biérén zěnme kàn.

你说得对！你想做什么？
Nǐ shuō de duì! Nǐ xiǎng zuò shénme?

我想吃两碗麻辣烫。
Wǒ xiǎng chī liǎng wǎn málàtàng.

在意 zàiyì 동 마음에 두다. 신경쓰다
麻辣烫 málàtàng 명 마라탕

강쌤 전 제가 하고 싶은 일을 하기로 결심했어요. 남들이 어떻게 보는지 더 이상 신경 쓰지 않을 거예요.
김쌤 네 말이 맞아! 뭘 하고 싶은데?
강쌤 마라탕 두 그릇 먹고 싶어요.

01 我决定换个工作。
Wǒ juédìng huàn ge gōngzuò.
나는 직장을 옮기기로 결정했다.

02 他决定借钱买房子。
Tā juédìng jièqián mǎi fángzi.
그는 돈을 빌려 집을 사기로 결정했다.

03 他决定自己做生意。
Tā juédìng zìjǐ zuò shēngyi.
그는 직접 장사를 하기로 결심했다.

做生意 zuò shēngyi 통 장사를 하다, 사업을 하다
附近 fùjìn 명 부근, 근처

04 他决定搬到公司附近。
Tā juédìng bāndào gōngsī fùjìn.
그는 회사 근처로 이사하기로 결정했다.

05 我决定从明天开始减肥。
Wǒ juédìng cóng míngtiān kāishǐ jiǎnféi.
나는 내일부터 살을 빼기로 했다.

06 我决定不告诉他这个秘密。
Wǒ juédìng bú gàosu tā zhège mìmì.
나는 그에게 이 비밀을 말하지 않기로 결심했어.

07 我决定去追求自己的梦想。
Wǒ juédìng qù zhuīqiú zìjǐ de mèngxiǎng.
나는 내 꿈을 추구하기로 결심했다.

追求 zhuīqiú 통 추구하다
梦想 mèngxiǎng 명 꿈
勇敢 yǒnggǎn 형 용감하다
面对 miànduì 통 직면하다, 직접 대면하다

08 他决定下个月去中国留学。
Tā juédìng xiàge yuè qù Zhōngguó liúxué.
그는 다음 달에 중국으로 유학을 가기로 결정했다.

09 我决定去勇敢地面对这件事。
Wǒ juédìng qù yǒnggǎn de miànduì zhè jiàn shì.
나는 이 일에 용감하게 임하기로 결정했어.

10 我决定考首尔大学，但是不知道能不能考上。
Wǒ juédìng kǎo Shǒu'ěr Dàxué, dànshì bù zhīdào néngbunéng kǎoshàng.
나는 서울대에 가기로 결심했는데, 합격할 수 있을지는 모르겠다.

还没决定A

아직 A를 결정하지 못했어

'还没…'는 '아직 ~하지 않았다'의 패턴이며, '决定 juédìng' 패턴과 합쳐진 확장 패턴이에요.

▶ **김쌤 & 강쌤의 티키타카** ◀

我还没决定穿哪条裙子。
Wǒ hái méi juédìng chuān nǎ tiáo qúnzi.

这件吧，这件你能穿得进去。
Zhè jiàn ba, zhè jiàn nǐ néng chuān de jìnqù.

裙子 qúnzi 명 치마, 스커트

강쌤 저 아직 어떤 스커트 입을지 결정 못했어요.
김쌤 이거 입어. 이 스커트는 들어갈 거야.

01
我还没决定什么时候去。
Wǒ hái méi juédìng shénme shíhou qù.
언제 갈지 아직 결정 못했어.

02
我还没决定去哪儿旅游。
Wǒ hái méi juédìng qù nǎr lǚyóu.
어디로 여행갈지 아직 결정 못했어.

03
我还没决定中午吃什么。
Wǒ hái méi juédìng zhōngwǔ chī shénme.
점심에 뭘 먹을지 아직 결정 못했어.

专业 zhuānyè 명 전공
名牌包 míngpáibāo 브랜드 백, 명품가방

04
他还没决定学哪个专业。
Tā hái méi juédìng xué nǎge zhuānyè.
그는 아직 어느 전공을 할지 결정하지 못했어.

05
她还没决定买不买名牌包。
Tā hái méi juédìng mǎibumǎi míngpái bāo.
그녀는 명품가방을 살지 말지 아직 결정하지 못했어.

06
他还没决定好把财产给谁。
Tā hái méi juédìng hǎo bǎ cáichǎn gěi shéi.
그는 아직 재산을 누구에게 줄지 결정하지 못했다.

07
教练还没决定好谁参加比赛。
Jiàoliàn hái méi juédìng hǎo shéi cānjiā bǐsài.
감독은 아직 누가 경기에 참가할 것인지를 결정하지 못했다.

财产 cáichǎn 명 재산
教练 jiàoliàn 명 코치, 감독
起名字 qǐ míngzi 동 이름을 짓다
如何 rúhé 대명 어떻게
处理 chǔlǐ 동 처리하다

08
他还没决定去哪个公司工作。
Tā hái méi juédìng qù nǎge gōngsī gōngzuò.
그는 아직 어느 회사에 가서 일할지 결정하지 못했다.

09
我还没决定给孩子起什么名字。
Wǒ hái méi juédìng gěi háizi qǐ shénme míngzi.
나는 아직 아이에게 어떤 이름을 지어줄지 결정 못했어.

10
他还没决定如何处理这个问题。
Tā hái méi juédìng rúhé chǔlǐ zhège wèntí.
그는 이 문제를 어떻게 처리할 것인지 아직 결정하지 못했다.

033

영상 보기

还没决定要不要 A

A할지 말지 아직 결정 못했어

앞에서 배운 패턴 032의 확장형이라고 생각하면 돼요. '要'는 조동사이므로 뒤에 동사 또는 동사구가 와요.

▶ **김쌤 & 강쌤의 티키타카** ◀

我还没决定要不要买这条裙子。
Wǒ hái méi juédìng yàobuyào mǎi zhè tiáo qúnzi.

这个不用决定，一看就知道你肯定穿不进去。
Zhège búyòng juédìng, yí kàn jiù zhīdào nǐ kěndìng chuān bu jìnqù.

肯定 kěndìng 🌑 확실히. 반드시. 꼭

김쌤 　이 치마 살지 말지 아직 결정 못했어.
강쌤 　이건 결정할 필요도 없어요. 딱 봐도 안 들어가니까요.

01
我还没决定要不要**放弃**。
Wǒ hái méi juédìng yàobuyào fàngqì.
포기할지 말지 아직 결정 못했어.

02
我还没决定要不要**辞职**。
Wǒ hái méi juédìng yàobuyào cízhí.
일을 그만둘지 말지 아직 결정 못했어.

放弃 fàngqì 통 포기하다
辞职 cízhí 통 사직하다
相亲 xiāngqīn 통 선을 보다. 소개팅하다

03
我还没决定要不要**去相亲**。
Wǒ hái méi juédìng yàobuyào qù xiāngqīn.
소개팅 갈지 안 갈지 아직 결정 못했어.

04
我还没决定要不要**这么做**。
Wǒ hái méi juédìng yàobuyào zhème zuò.
이렇게 할지 말지 아직 결정 못했어.

05
我还没决定要不要**说真话**。
Wǒ hái méi juédìng yàobuyào shuō zhēnhuà.
진실을 말할지 말지 아직 결정하지 못했어.

06
我还没决定要不要**跟他分手**。
Wǒ hái méi juédìng yàobuyào gēn tā fēnshǒu.
그와 헤어질지 말지 아직 결정 못했어.

07
他还没决定要不要**在北京工作**。
Tā hái méi juédìng yàobuyào zài Běijīng gōngzuò.
그는 베이징에서 일을 해야 할지 말아야 할지 아직 결정하지 못했다.

08
我还没决定要不要**告诉他这件事**。
Wǒ hái méi juédìng yàobuyào gàosu tā zhè jiàn shì.
나는 그에게 이 일을 알릴지 말지 아직 결정 못했어.

09
爸爸还没决定要不要**买这支股票**。
Bàba hái méi juédìng yàobuyào mǎi zhè zhī gǔpiào.
아빠는 이 주식을 살지 말지 아직 결정 못하셨어.

股票 gǔpiào 명 주식

10
他还没决定要不要**去这家公司工作**。
Tā hái méi juédìng yàobuyào qù zhè jiā gōngsī gōngzuò.
그는 아직 이 회사에서 일할지 말지 결정하지 못했다.

034

영상 보기

我认为 A

나는 A라고 생각해

'觉得 juéde'는 느낌이나 생각을 주로 표현하는 데 비해, '认为 rènwéi'는 **본인의 확고한 생각이나 객관적인 판단**을 나타낼 때 사용해요. 또 많은 사람들이 보편적으로 생각하고 있음을 표현하기도 해요.

▶ ◀ 김쌤 & 강쌤의 티키타카 ◀

大家都认为我的演技很好，尤其是用靠垫打你的时候。
Dàjiā dōu rènwéi wǒ de yǎnjì hěn hǎo, yóuqí shì yòng kàodiàn dǎ nǐ de shíhou.

我认为不是演技好，是真的想打吧！
Wǒ rènwéi búshì yǎnjì hǎo, shì zhēnde xiǎng dǎ ba!

演技 yǎnjì 명 연기
尤其 yóuqí 부 특히, 더욱
靠垫 kàodiàn 명 쿠션

강쌤　　다들 제가 연기를 잘한다고 생각하더라고요. 특히 쿠션으로 쌤을 때릴 때.
김쌤　　나는 네가 연기를 잘하는 게 아니라 정말 때리고 싶어서라고 생각해.

01
我认为这么做没错。
Wǒ rènwéi zhème zuò méicuò.
나는 이렇게 하는 것이 틀림없다고 생각한다.

02
医生认为我缺乏锻炼。
Yīshēng rènwéi wǒ quēfá duànliàn.
의사선생님은 내가 운동이 부족하다고 생각한다.

没错 méicuò 틀림없다
缺乏 quēfá 통 모자라다. 부족하다
配 pèi 통 어울리다
主意 zhǔyi 명 방법. 생각. 의견

03
大家都认为他们俩很配。
Dàjiā dōu rènwéi tāmen liǎ hěn pèi.
모두들 그들 두 사람이 잘 어울린다고 생각한다.

04
我认为他的主意比我的好。
Wǒ rènwéi tā de zhǔyi bǐ wǒ de hǎo.
나는 그의 아이디어가 내 것보다 좋다고 생각해.

05
我认为他这个人性格有问题。
Wǒ rènwéi tā zhège rén xìnggé yǒu wèntí.
나는 그 사람이 성격에 문제가 있다고 생각해.

06
很多人认为多喝水对身体好。
Hěn duō rén rènwéi duō hē shuǐ duì shēntǐ hǎo.
많은 사람들이 물을 많이 마시면 몸에 좋다고 생각한다.

07
大家都认为他当班长最合适。
Dàjiā dōu rènwéi tā dāng bānzhǎng zuì héshì.
모두 그가 반장이 되는 것이 가장 적합하다고 생각한다.

合适 héshì 형 알맞다. 적합하다
专家 zhuānjiā 명 전문가
房地产 fángdìchǎn 명 부동산
降价 jiàngjià 통 값을 내리다. 값이 내려가다
观点 guāndiǎn 명 관점. 입장
正确 zhèngquè 형 정확하다. 올바르다. 옳다
意见 yìjiàn 명 의견

08
专家认为今年房地产会降价。
Zhuānjiā rènwéi jīnnián fángdìchǎn huì jiàngjià.
전문가들은 올해 부동산 가격이 내려갈 것으로 보고 있다.

09
每个人都认为自己的观点正确。
Měi ge rén dōu rènwéi zìjǐ de guāndiǎn zhèngquè.
사람들은 모두 자신의 관점이 옳다고 생각한다.

10
我认为你应该听听别人的意见。
Wǒ rènwéi nǐ yīnggāi tīngting biérén de yìjiàn.
나는 네가 다른 사람의 의견을 좀 들어야 한다고 생각해.

我以为 A

난 A인 줄 알았어

'认为'와 '以为 yǐwéi' 이 두 단어는 모두 사전적 해석이 '생각하다, 여기다'이지만 의미상에 있어서는 차이가 있어요. '以为'는 **자신이 추측한 결과와 사실이 일치하지 않았을 때** 사용해요.

▶ **김쌤 & 강쌤의 티키타카** ◀

院长，我们今天吃什么？
Yuànzhǎng, wǒmen jīntiān chī shénme?

你以为我开的是饭店啊！天天就想着吃！
Nǐ yǐwéi wǒ kāi de shì fàndiàn a!　Tiāntiān jiù xiǎngzhe chī!

강쌤　원장님, 우리 오늘 뭐 먹어요?
김쌤　넌 내가 식당을 차린 줄 알아! 맨날 먹는 생각만 해!

01
你以为自己赢了吗?
Nǐ yǐwéi zìjǐ yíng le ma?
네가 이긴 줄 알아?

02
我以为他开玩笑呢。
Wǒ yǐwéi tā kāi wánxiào ne.
나는 그가 농담을 하는 줄 알았어.

赢 yíng 동 이기다
开玩笑 kāi wánxiào 동 농담을 하다
做梦 zuòmèng 동 꿈을 꾸다

03
我以为我在做梦呢。
Wǒ yǐwéi wǒ zài zuòmèng ne.
나는 내가 꿈을 꾸고 있는 줄 알았어.

04
我以为今天没有作业呢。
Wǒ yǐwéi jīntiān méiyǒu zuòyè ne.
나는 오늘 숙제가 없는 줄 알았어.

05
大家以为你们是男女朋友呢。
Dàjiā yǐwéi nǐmen shì nánnǚ péngyou ne.
다들 너희가 남자친구, 여자친구인 줄 알고 있어.

06
我以为这是你送给我的礼物呢。
Wǒ yǐwéi zhè shì nǐ sònggěi wǒ de lǐwù ne.
나는 이게 네가 나에게 주는 선물인 줄 알았어.

07
小时候以为爸爸是超人，什么都会。
Xiǎoshíhou yǐwéi bàba shì chāorén, shénme dōu huì.
어릴 때는 아빠가 슈퍼맨이라서 뭐든지 다 할 수 있는 줄 알았다.

照镜子 zhào jìngzi 거울에 비추다.
거울을 보다
超人 chāorén 명 초인. 슈퍼맨

08
你以为自己很帅吗? 快点去照照镜子!
Nǐ yǐwéi zìjǐ hěn shuài ma? Kuài diǎn qù zhàozhao jìngzi!
네가 잘생긴 줄 알아? 빨리 가서 거울 봐!

09
我以为他听到这个消息一定会高兴的。
Wǒ yǐwéi tā tīngdào zhège xiāoxi yídìng huì gāoxìng de.
나는 그가 이 소식을 들으면 반드시 기뻐할 줄 알았어.

10
你以为我是银行啊! 我哪儿有这么多钱!
Nǐ yǐwéi wǒ shì yínháng a! Wǒ nǎr yǒu zhème duō qián!
넌 내가 은행인 줄 아니? 내가 그렇게 많은 돈이 어딨어!

我还以为 A 呢

난 또 A인 줄 알았지

'以为'만 사용해도 되지만, 강조의 어감을 나타내는 '还'를 더해서 사용하는 경우가 많은데, 이때 문장 끝에 '还'와 호응하기를 좋아하는 '呢'가 같이 쓰여요.

▶ **김쌤 & 강쌤의 티키타카** ◀

你昨晚怎么不接电话?
Nǐ zuówǎn zěnme bù jiē diànhuà?

是你啊! 我还以为是诈骗电话呢!
Shì nǐ a!　Wǒ hái yǐwéi shì zhàpiàn diànhuà ne!

撒谎! 你以为我不知道你是故意不接啊!
Sāhuǎng! Nǐ yǐwéi wǒ bù zhīdào nǐ shì gùyì bù jiē a!

诈骗电话 zhàpiàn diànhuà 몡 보이스 피싱
故意 gùyì 튀 고의로. 일부러

김쌤　어젯밤에 왜 전화 안 받았어?
강쌤　쌤이셨군요! 저는 또 보이스 피싱인 줄 알고!
김쌤　거짓말! 일부러 전화 안 받은 거 내가 모를 줄 알아?

01
我还以为**是真的**呢。
Wǒ hái yǐwéi shì zhēnde ne.
난 또 진짜인 줄 알았잖아.

02
我还以为**你哭了**呢。
Wǒ hái yǐwéi nǐ kū le ne.
난 또 네가 우는 줄 알았지.

03
我还以为**他是女的**呢。
Wǒ hái yǐwéi tā shì nǚ de ne.
난 또 그 사람이 여자인 줄 알았네.

04
我还以为**你先走了**呢。
Wǒ hái yǐwéi nǐ xiān zǒu le ne.
난 또 네가 먼저 간 줄 알았지.

05
我还以为**你讨厌我**呢。
Wǒ hái yǐwéi nǐ tǎoyàn wǒ ne.
난 또 네가 나를 싫어하는 줄 알았지.

讨厌 tǎoyàn 图 싫어하다, 미워하다

06
我还以为**他要打我**呢。
Wǒ hái yǐwéi tā yào dǎ wǒ ne.
난 걔가 나를 때리려는 줄 알았지.

07
我还以为**你喝醉了**呢。
Wǒ hái yǐwéi nǐ hēzuì le ne.
난 또 네가 취한 줄 알았지.

08
我还以为**你要请我吃饭**呢。
Wǒ hái yǐwéi nǐ yào qǐng wǒ chīfàn ne.
난 또 네가 밥 사는 줄 알았네.

打 dǎ 图 때리다
醉 zuì 图 취하다

09
我还以为**你跟别人不一样**呢。
Wǒ hái yǐwéi nǐ gēn biérén bù yíyàng ne.
난 또 네가 남들과 다른 줄 알았지.

10
我还以为**是谁**呢？ **原来是你啊！**
Wǒ hái yǐwéi shì shéi ne? Yuánlái shì nǐ a!
난 또 누구라고! 너였구나!

037

영상 보기

怎么觉得A？

왜 A한 거 같지?/ 어째서 A라고 생각해?

'어째서(왜) A한 거 같지?'의 뉘앙스로 **'怎么' 대신에 '为什么'로 대체**하여 사용 가능해요.

▶ **김쌤 & 강쌤의 티키타카** ◀

我怎么觉得我的脸肿了呢？
Wǒ zěnme juéde wǒ de liǎn zhǒng le ne?

这不是肿，是胖。
Zhè búshì zhǒng, shì pàng.

肿 zhǒng [동] 붓다

김쌤   나 왜 얼굴이 부은 거 같지?
강쌤   이건 부은 게 아니라 살찐 건데요.

01 我**怎么觉得**他喜欢我?
Wǒ zěnme juéde tā xǐhuan wǒ?
왜 걔가 날 좋아한다는 느낌이 들까?

02 你**怎么觉得**自己对呢?
Nǐ zěnme juéde zìjǐ duì ne?
너는 어째서 자신이 옳다고 생각해?

03 我**怎么觉得**你在骗我呢?
Wǒ zěnme juéde nǐ zài piàn wǒ ne?
난 왜 네가 나를 속이고 있다는 생각이 들까?

骗 piàn 동 속이다. 기만하다
正常 zhèngcháng 형 정상(석)이다

04 我**怎么觉得**他不太正常呢?
Wǒ zěnme juéde tā bú tài zhèngcháng ne?
나는 왜 걔가 별로 정상이 아닌 것 같지?

05 我**怎么觉得**他对我不好呢?
Wǒ zěnme juéde tā duì wǒ bù hǎo ne?
난 어째서 그가 나에게 잘해 주지 않는 것처럼 느껴지지?

06 他**为什么觉得**我是坏人呢?
Tā wèishénme juéde wǒ shì huàirén ne?
그는 어째서 나를 나쁜 사람이라고 생각하는 거야?

07 你**为什么觉得**自己会失败呢?
Nǐ wèishénme juéde zìjǐ huì shībài ne?
너는 왜 자신이 실패할 것이라고 생각해?

坏人 huàirén 명 나쁜 사람. 악당
失败 shībài 동 실패하다
没意思 méi yìsi 형 재미가 없다
气氛 qìfēn 명 분위기

08 我**怎么觉得**这个电影没意思呢?
Wǒ zěnme juéde zhège diànyǐng méi yìsi ne?
난 왜 이 영화가 재미없다고 느껴지지?

09 我**怎么觉得**气氛有点儿不好呢?
Wǒ zěnme juéde qìfēn yǒudiǎnr bù hǎo ne?
난 왜 분위기가 좀 안 좋은 것 같지?

10 他**怎么觉得**这件事是我做的呢?
Tā zěnme juéde zhè jiàn shì shì wǒ zuò de ne?
그는 어째서 이 일이 내가 한 것이라고 생각하는 거야?

038

영상 보기

不要觉得/别觉得…

～라고 생각하지 마

'不要…'의 패턴과 '觉得 juéde'의 패턴을 합한 새로운 확장 패턴이에요.

▶ **김쌤 & 강쌤의 티키타카** ◀

你不要觉得有钱了不起。钱不是万能的。我是不会加班的。
Nǐ búyào juéde yǒu qián liǎobuqǐ.　Qián búshì wànnéng de. Wǒ shì búhuì jiābān de.

给你一千，加不加班？
Gěi nǐ yìqiān, jiā bu jiābān?

加！
Jiā!

有钱就是了不起！
Yǒu qián jiù shì liǎobuqǐ!

了不起 liǎobuqǐ 〔형〕 보통이 아니다. 뛰어나다. 대단하다
万能 wànnéng 〔형〕 만능이다. 온갖 일에 능하다
加班 jiābān 〔동〕 초과 근무하다. 시간 외 근무를 하다

강쌤　돈 있으면 다라고 생각하지 마세요. 돈 있다고 다 되는 건 아니니까요. 저 야근 안 할 거예요.
김쌤　1천 위안 줄게. 야근 해 안 해?
강쌤　할게요!
김쌤　돈 있으면 다 되네!

01 别觉得丢人。
Bié juéde diūrén.
창피하다고 생각하지 마.

02 别觉得这是小事。
Bié juéde zhè shì xiǎoshì.
이게 사소한 일이라고 생각하지 마.

03 别觉得自己很笨。
Bié juéde zìjǐ hěn bèn.
자신이 멍청하다고 생각하지 마.

丢人 diūrén [동] 체면이 깎이다. 창피 당하다
笨 bèn [형] 어리석다. 멍청하다. 미련하다

04 不要觉得自己没有错。
Búyào juéde zìjǐ méiyǒu cuò.
자신에게 잘못이 없다고 생각하지 마.

05 别觉得所有人都是好人。
Bié juéde suǒyǒu rén dōu shì hǎorén.
모든 사람이 다 좋은 사람이라고 생각하지 마.

06 你不要觉得自己比别人厉害。
Nǐ búyào juéde zìjǐ bǐ biérén lìhai.
너는 자신이 남들보다 대단하다고 생각하지 마.

07 别觉得自己老，你还很年轻。
Bié juéde zìjǐ lǎo, nǐ hái hěn niánqīng.
자신이 늙었다고 생각하지 마. 너는 아직 젊어.

厉害 lìhai [형] 대단하다. 심하다
年轻 niánqīng [형] 젊다
傻 shǎ [형] 어리석다. 미련하다
可怜 kělián [형] 가련하다. 불쌍하다

08 别觉得别人都很傻，自己最聪明。
Bié juéde biérén dōu hěn shǎ, zìjǐ zuì cōngming.
남들은 멍청하고 자신이 제일 똑똑하다고 생각하지 마.

09 你不要觉得自己的身体很好，你已经70岁了。
Nǐ búyào juéde zìjǐ de shēntǐ hěn hǎo, nǐ yǐjīng qīshí suì le.
자신이 건강하다고 생각하지 마세요. 당신 벌써 70살이잖아요.

10 不要觉得自己很可怜，还有很多人比你更可怜。
Búyào juéde zìjǐ hěn kělián, háiyǒu hěn duō rén bǐ nǐ gèng kělián.
자신이 불쌍하다고 생각하지 마. 너보다 더 불쌍한 사람 많아.

039

영상 보기

一直觉得/总觉得…

항상 ~라고 생각해(느껴)

'一直'는 '总是'로 대체가 가능하며 '总是'는 '总'으로 줄여서 말할 수 있고, '一直觉得/总觉得'는 '계속 ~한 느낌이 들어, 계속 ~한 생각이 들어' 등으로 해석해요. **总是觉得**라고도 할 수 있어요.

▶ **김쌤 & 강쌤이 티키타카** ◀

我总觉得自己胖。
Wǒ zǒng juéde zìjǐ pàng.

你的感觉没有错。
Nǐ de gǎnjué méiyǒu cuò.

感觉 gǎnjué 몡 감각, 느낌

김쌤   난 항상 내가 살이 쪘다는 생각이 들어.

강쌤   쌤 느낌이 맞아요.

01
我总是觉得很累。
Wǒ zǒngshì juéde hěn lèi.
나는 항상 피곤함을 느껴.

02
他总觉得对不起我。
Tā zǒng juéde duìbuqǐ wǒ.
그는 늘 나에게 미안함을 느껴.

懒 lǎn [형] 게으르다. 나태하다
成功 chénggōng [동] 성공하다

03
我一直觉得他喜欢我。
Wǒ yìzhí juéde tā xǐhuan wǒ.
그가 나를 좋아하는 것 같은 느낌이 계속 들어.

04
我一直觉得丈夫太懒。
Wǒ yìzhí juéde zhàngfu tài lǎn.
나는 계속 남편이 너무 게으르다는 생각이 들어.

05
我一直觉得我会成功。
Wǒ yìzhí juéde wǒ huì chénggōng.
나는 항상 내가 성공할 거라고 생각해.

06
他总觉得自己比别人厉害。
Tā zǒng juéde zìjǐ bǐ biérén lìhai.
그는 항상 자신이 다른 사람보다 대단하다고 생각해.

07
他总觉得别人都看不起他。
Tā zǒng juéde biérén dōu kànbuqǐ tā.
그는 항상 다른 사람들이 모두 그를 무시한다고 생각해.

看不起 kànbuqǐ [동] 깔보다. 업신여기다
像 xiàng [동] 닮다. 비슷하다
真正 zhēnzhèng [형] 진정한. 참된. 진짜의
爱情 àiqíng [명] (주로 남녀간의) 애정

08
大家一直觉得他们俩很像。
Dàjiā yìzhí juéde tāmen liǎ hěn xiàng.
모두들 계속 그들 두 사람이 매우 닮았다고 느꼈어.

09
我总觉得要发生什么事儿。
Wǒ zǒng juéde yào fāshēng shénme shìr.
나는 계속 무슨 일이 생길 것만 같아.

10
我总觉得世界上没有真正的爱情。
Wǒ zǒng juéde shìjiè shang méiyǒu zhēnzhèng de àiqíng.
나는 늘 세상에 진정한 사랑은 없다고 생각해.

040

영상 보기

突然觉得…

갑자기 ~한 생각(느낌)이 들어

'突然 tūrán'은 부사로 '갑자기, 문득'의 뜻이며 동사술어의 앞에 위치해요.

▶ 김쌤 & 강쌤의 티키타카 ◀

院长，我突然觉得很晕，我想…
Yuànzhǎng, wǒ tūrán juéde hěn yūn, wǒ xiǎng …

想请假? 想不想被开除?
Xiǎng qǐngjià? Xiǎng bu xiǎng bèi kāichú?

你这个月已经晕了五次了，肚子疼也十次了。
Nǐ zhège yuè yǐjīng yūn le wǔ cì le, dùzi téng yě shí cì le.

晕 yūn 혱 어지럽다	
请假 qǐngjià 동 휴가를 내다	
开除 kāichú 동 면직시키다, 해고하다	

강쌤   원장님, 저 갑자기 어지러운 것 같아요. 저기…
김쌤   휴가 내고 싶다고? 잘리고 싶어?
　　　　이번 달에 벌써 다섯 번이나 어지러웠고 배도 열 번이나 아팠어.

01
我突然觉得很丢人。
Wǒ tūrán juéde hěn diūrén.
나는 갑자기 창피하다는 생각이 들었어.

02
我突然觉得很孤独。
Wǒ tūrán juéde hěn gūdú.
나는 갑자기 외롭다는 생각이 들었어.

孤独 gūdú 형 고독하다. 외롭다
挣钱 zhèngqián 통 돈을 벌다
容易 róngyì 형 쉽다. 용이하다

03
我突然觉得自己老了。
Wǒ tūrán juéde zìjǐ lǎo le.
나는 갑자기 내가 늙었다고 느껴졌어.

04
我突然觉得他有问题。
Wǒ tūrán juéde tā yǒu wèntí.
나는 갑자기 그에게 문제가 있다는 생각이 들었어.

05
我突然觉得挣钱很容易。
Wǒ tūrán juéde zhèngqián hěn róngyì.
나는 갑자기 돈을 버는 것이 아주 쉽다고 느껴졌어.

06
我突然觉得他对我不好。
Wǒ tūrán juéde tā duì wǒ bù hǎo.
나는 갑자기 그가 나한테 잘해주지 않는다는 생각이 들었어.

07
我突然觉得孩子长大了。
Wǒ tūrán juéde háizi zhǎngdà le.
나는 갑자기 아이가 자랐다는 것을 느꼈어.

长大 zhǎngdà 통 자라다. 성장하다
有意思 yǒuyìsi 형 재미있다

08
我突然觉得生活很有意思。
Wǒ tūrán juéde shēnghuó hěn yǒu yìsi.
나는 갑자기 사는 게 재미있다는 생각이 들었어.

09
我突然觉得一个人生活挺好的。
Wǒ tūrán juéde yí ge rén shēnghuó tǐng hǎo de.
나는 갑자기 혼자 사는 게 좋다는 생각이 들었어.

10
以前不觉得，今天我突然觉得你很漂亮。
Yǐqián bù juéde, jīntiān wǒ tūrán juéde nǐ hěn piàoliang.
예전에는 몰랐는데, 오늘 갑자기 네가 예쁘다는 생각이 들었어.

PART

03

음성 듣기

041

영상 보기

不觉得A，只觉得B

A라는 생각은 안 들고 B라는 생각밖에 안 들어

'**只觉得 A, 不觉得 B**'로 순서를 바꾸어 사용해도 되며, 각각 단독으로도 사용이 가능해요.

▶ **김쌤 & 강쌤의 티키타카** ◀

我们点太多了吧? 吃不完吧?
Wǒmen diǎn tài duō le ba? Chībuwán ba?

我不觉得多，我只觉得还是不够吃。
Wǒ bù juéde duō, wǒ zhǐ juéde háishi búgòu chī.

点 diǎn 동 주문하다
还是 háishi 부 아직도. 여전히
不够 búgòu 형 부족하다. 모자라다

김쌤   우리 너무 많이 시킨 거 아니야? 다 못 먹겠지?
강쌤   저는 많다는 생각은 안 들고 그래도 부족하다는 생각밖에 안 들어요.

01 我只觉得很害怕。
Wǒ zhǐ juéde hěn hàipà.
나는 단지 두려운 생각만 들어.

02 我不觉得好，只觉得贵。
Wǒ bù juéde hǎo, zhǐ juéde guì.
나는 좋다는 생각은 안 들고 비싸다는 생각밖에 안 들어.

害怕 hàipà 통 두려워하다. 무서워하다
惊喜 jīngxǐ 통 (뜻밖의 좋은 일 따위로)
　　　　 놀라고도 기뻐하다. 서프라이즈
麻烦 máfan 형 귀찮다. 성가시다. 번거롭다

03 我不觉得饿，只觉得很冷。
Wǒ bù juéde è, zhǐ juéde hěn lěng.
배고픈 느낌은 없고 춥기만 해.

04 我不觉得累，只觉得高兴。
Wǒ bù juéde lèi, zhǐ juéde gāoxìng.
피곤하다는 생각은 안 들고 그저 신나게 느껴질 뿐이야.

05 我不觉得惊喜，只觉得麻烦。
Wǒ bù juéde jīngxǐ, zhǐ juéde máfan.
서프라이즈라는 생각은 안 들고 귀찮다는 생각만 들어.

06 我不觉得好吃，只觉得很辣。
Wǒ bù juéde hǎochī, zhǐ juéde hěn là.
맛있다는 생각은 안 들어. 맵다는 생각만 들지.

07 我不觉得这个节目好看，只觉得吵。
Wǒ bù juéde zhège jiémù hǎokàn, zhǐ juéde chǎo.
나는 이 프로그램이 재미있다는 생각은 안 들고 시끄럽게만 느껴져.

辣 là 형 맵다. 얼얼하다
节目 jiémù 명 프로그램
吵 chǎo 형 시끄럽다. 떠들썩하다
幸福 xìngfú 형 행복하다

08 我不觉得丢人，只觉得学到了很多。
Wǒ bù juéde diūrén, zhǐ juéde xuédào le hěn duō.
창피하다는 생각은 안 들어. 단지 많은 것을 배웠다는 생각만 들 뿐이지.

09 我不觉得这个房子小，只觉得很好。
Wǒ bù juéde zhège fángzi xiǎo, zhǐ juéde hěn hǎo
나는 이 집이 작다는 생각은 안 들고 좋다는 생각밖에 안 들어.

10 这样的生活我不觉得没意思，只觉得很幸福。
Zhèyàng de shēnghuó wǒ bù juéde méi yìsi, zhǐ juéde hěn xìngfú.
이런 생활이 나는 재미없다는 생각은 안 들고 그저 행복하게만 느껴져.

越想越觉得 A

생각하면 할수록 A인 것 같아

패턴 087의 '越…越…'와 함께 정말 자주 사용하는 패턴이에요. 평소 '생각할수록 ~해', '생각하면 할수록 ~해'라고 말하고 싶을 때 쓰면 돼요!

▶ **김쌤 & 강쌤의 티키타카** ◀

我越想越觉得那个男的喜欢我,
Wǒ yuè xiǎng yuè juéde nàge nán de xǐhuan wǒ,

要不然他为什么一直看我。
yàoburán tā wèishénme yìzhí kàn wǒ.

有没有这种可能性?
Yǒu méiyǒu zhè zhǒng kěnéngxìng?

他从来没见过像你这样能吃的人!
Tā cónglái méi jiànguo xiàng nǐ zhèyàng néng chī de rén!

要不然 yàoburán 젭 그렇지 않으면

김쌤　　생각하면 할수록 저 남자가 나를 좋아하는 것 같아.
　　　　그렇지 않으면 왜 계속 나를 쳐다보겠어?
강쌤　　이럴 가능성이 있는 건 아닐까요?
　　　　지금까지 원장쌤처럼 이렇게 잘 먹는 사람을 본 적이 없어서.

01
我越想越觉得生活很累。
Wǒ yuè xiǎng yuè juéde shēnghuó hěn lèi.
생각할수록 사는 게 힘든 것 같아.

02
我越想越觉得他很厉害。
Wǒ yuè xiǎng yuè juéde tā hěn lìhai.
생각할수록 그가 대단하게 느껴져.

03
我越想越觉得他不是好人。
Wǒ yuè xiǎng yuè juéde tā búshì hǎorén.
생각하면 할수록 그가 좋은 사람이 아닌 것 같아.

04
我越想越觉得自己很失败。
Wǒ yuè xiǎng yuè juéde zìjǐ hěn shībài.
생각하면 할수록 내 자신이 실패했다는 생각이 들어.

失败 shībài 명동 실패(하다)

05
我越想越觉得他对我不好。
Wǒ yuè xiǎng yuè juéde tā duì wǒ bù hǎo.
생각하면 할수록 그는 나에게 잘해 주지 않는 것 같아.

06
我越想越觉得他不爱我了。
Wǒ yuè xiǎng yuè juéde tā bú ài wǒ le.
생각하면 할수록 그가 나를 사랑하지 않는 것 같아.

07
我越想越觉得能力最重要。
Wǒ yuè xiǎng yuè juéde nénglì zuì zhòngyào.
생각하면 할수록 능력이 제일 중요한 것 같아.

能力 nénglì 명 능력. 역량
重要 zhòngyào 형 중요하다
办法 bànfǎ 명 방법. 수단. 방식
道理 dàoli 명 도리. 일리. 이치

08
我越想越觉得这个办法不好。
Wǒ yuè xiǎng yuè juéde zhège bànfǎ bù hǎo.
생각하면 할수록 이 방법은 좋지 않은 것 같아.

09
我越想越觉得这句话很有道理。
Wǒ yuè xiǎng yuè juéde zhè jù huà hěn yǒu dàoli.
생각하면 할수록 이 말에 일리가 있는 것 같아.

10
我越想越觉得这份工作没什么意思。
Wǒ yuè xiǎng yuè juéde zhè fèn gōngzuò méi shénme yìsi.
생각하면 할수록 이 일은 재미가 없는 것 같아.

043

영상 보기

本来想 A

원래 A하려고 했는데/ A하고 싶었는데

'本来 běnlái'는 '본래, 원래'의 뜻을 가진 부사예요. 뒷절에는 **원래 생각했던 것과는 다른 결과**가 나와요.

▶ **김쌤 & 강쌤의 티키타카** ◀

 做完了吗?
Zuòwán le ma?

 还没。不做完，我不下班。
Hái méi. Bú zuòwán, wǒ bú xiàbān.

 是吗? 本来想让你下班呢… 继续!
Shì ma? Běnlái xiǎng ràng nǐ xiàbān ne… Jìxù!

加油!
Jiāyóu!

김쌤　　다했어?
강쌤　　아직요. 다하기 전엔 퇴근 안 해요.
김쌤　　그래? 원래 퇴근시키려고 했는데… 계속해!
　　　　화이팅!

01
本来想走，但是他不让我走。
Běnlái xiǎng zǒu, dànshì tā bú ràng wǒ zǒu.
원래는 가려고 했는데 그가 나를 못 가게 했어.

02
本来想报仇，但是后来我放弃了。
Běnlái xiǎng bàochóu, dànshì hòulái wǒ fàngqì le.
원래는 복수를 하려고 했는데 후에 포기했어요.

报仇 bàochóu 图 원수를 갚다. 복수하다
打招呼 dǎ zhāohu 图 인사이다

03
我本来想住这里，但是没房间了。
Wǒ běnlái xiǎng zhù zhèlǐ, dànshì méi fángjiān le.
저는 원래 여기서 묵으려고 했는데 방이 없었어요.

04
本来想打个招呼，但是人太多了。
Běnlái xiǎng dǎ ge zhāohu, dànshì rén tài duō le.
원래 인사하려고 했는데 사람이 너무 많았어요.

05
本来想给你打电话，今天我特别忙。
Běnlái xiǎng gěi nǐ dǎ diànhuà, jīntiān wǒ tèbié máng.
원래 너에게 전화하려고 했었는데, 오늘 나 정신없이 바빴어.

06
我本来想道歉，但他没给我这个机会。
Wǒ běnlái xiǎng dàoqiàn, dàn tā méi gěi wǒ zhège jīhuì.
원래 사과하려고 했는데 그가 나에게 그럴 기회를 주지 않았어요.

07
本来想开个玩笑，没想到他却当真了。
Běnlái xiǎng kāi ge wánxiào, méi xiǎngdào tā què dàngzhēn le.
원래 농담을 하려고 했던 건데 그가 진담으로 받아들일 줄 몰랐어.

道歉 dàoqiàn 图 사과하다
没想到 méi xiǎngdào 생각지 못하다.
뜻밖이다
当真 dàngzhēn 图 진실로 받아들이다.
정말로 여기다
拒绝 jùjué 图 거절하다. 거부하다
好意 hǎoyì 명 호의

08
本来想今年结婚，没想到我们分手了。
Běnlái xiǎng jīnnián jiéhūn, méi xiǎngdào wǒmen fēnshǒu le.
원래는 올해 결혼하려고 했는데 우리가 헤어질 줄 몰랐어.

09
我本来只想休息一下，但是没想到睡着了。
Wǒ běnlái zhǐ xiǎng xiūxi yíxià, dànshì méi xiǎngdào shuìzháo le.
나는 원래 좀 쉬려고 했던 건데 잠이 들 줄 몰랐어.

10
本来想拒绝他的好意，但是不好意思拒绝。
Běnlái xiǎng jùjué tā de hǎoyì, dànshì bùhǎoyìsi jùjué.
원래는 그의 호의를 거절하려 했는데 거절하기가 미안해서요.

044

영상 보기

原来A，怪不得B

알고보니 A였구나, 어쩐지 B했어

궁금했던 일의 이유를 알게 되어 이제는 이상하게 생각되지 않을 때 사용해요. '原来', '怪不得'는 단독으로 쓰일 수 있으며, '怪不得B，原来A'로 순서를 바꾸어 사용해도 돼요.

▶ 김쌤 & 강쌤의 티키타카 ◀

原来你讲课讲得这么好啊，怪不得学生都这么喜欢你。
Yuánlái nǐ jiǎng kè jiǎng de zhème hǎo a, guàibude xuésheng dōu zhème xǐhuan nǐ.

大家也可能是喜欢我的美貌。
Dàjiā yě kěnéng shì xǐhuan wǒ de měimào.

你确定你有美貌吗？
Nǐ quèdìng nǐ yǒu měimào ma?

怪不得 guàibude 🔳 과연. 그러기에. 어쩐지
美貌 měimào 🔳 미모
确定 quèdìng 🔳 확실히 하다. 확인하다

강쌤   원장쌤, 강의를 참 잘 하시네요, 어쩐지 학생들이 쌤을 정말 좋아한다 했어요.
김쌤   다들 내 미모를 좋아하는 거겠지.
강쌤   미모를 가지고 계신 건 확실한가요?

01
原来你在这儿！
Yuánlái nǐ zài zhèr!
너 여기 있었구나!

02
原来你们认识啊！
Yuánlái nǐmen rènshi a!
너희 아는 사이였구나!

03
原来你说的都是假的。
Yuánlái nǐ shuō de dōu shì jiǎ de.
알고 보니 네가 한 말은 모두 거짓이었어.

假 jiǎ 형 거짓(의), 가짜(의)

04
原来你真不知道这件事儿！
Yuánlái nǐ zhēn bù zhīdào zhè jiàn shìr!
너는 이 일을 정말 몰랐었구나!

05
怪不得你这么瘦，原来你吃这么少！
Guàibude nǐ zhème shòu, yuánlái nǐ chī zhème shǎo!
어쩐지 네가 이렇게 말랐다 했는데, 알고 보니 너는 이렇게 적게 먹는구나!

戴 dài 동 착용하다. 쓰다. (반지를) 끼다
戒指 jièzhi 명 반지
难听 nántīng 형 듣기 싫다. 귀에 거슬리다

06
原来你们是姐妹啊，怪不得长得这么像！
Yuánlái nǐmen shì jiěmèi a, guàibude zhǎng de zhème xiàng!
너희 자매였구나. 어쩐지 이렇게 닮았더라!

07
原来他这段时间病了，怪不得没来上班呢。
Yuánlái tā zhè duàn shíjiān bìng le, guàibude méi lái shàngbān ne.
알고 보니 그가 요사이 병이 났었구나. 어쩐지 출근을 안 하더라.

08
原来他已经结婚了，怪不得手上戴着戒指呢。
Yuánlái tā yǐjīng jiéhūn le, guàibude shǒu shang dàizhe jièzhi ne.
알고 보니 그는 이미 결혼했구나. 어쩐지 손에 반지를 끼고 다니더라.

09
怪不得你的汉语这么好，原来你是在北京长大的啊！
Guàibude nǐ de Hànyǔ zhème hǎo, yuánlái nǐ shì zài Běijīng zhǎngdà de a!
어쩐지 네가 중국어를 이렇게나 잘하더라. 알고 보니 너 베이징에서 자랐구나!

10
原来你唱歌这么难听啊，怪不得大家不让你唱歌呢。
Yuánlái nǐ chànggē zhème nántīng a, guàibude dàjiā bú ràng nǐ chànggē ne.
너 노래 정말 못하는구나. 어쩐지 사람들이 너 노래 못하게 하더라.

045

영상 보기

让你 A 你就 A

A하라면 A해

'让 ràng' 대신 '叫 jiào'를 쓸 수 있어요.

▶ 김쌤 & 강쌤의 티키타카 ◀

老公，你上次给我的卡⋯
Lǎogōng, nǐ shàngcì gěi wǒ de kǎ ⋯

让你花你就花，别舍不得，你别再说了。
Ràng nǐ huā nǐ jiù huā, bié shěbude, nǐ bié zài shuō le.

不是，我只是想说都花光了⋯
Búshì, wǒ zhǐ shì xiǎng shuō dōu huāguāng le⋯

舍不得 shěbude 아쉽다. 섭섭하다. 아깝다
花光 huāguāng 동 전부 써 버리다

강쌤   여보, 지난번에 준 카드⋯
남편   쓰라면 써. 아까워하지 말고, 그만 말해.
강쌤   그게 아니고, 그냥 다 썼다고 말하려던 거야⋯

01
让你**跑**你就**跑**，来不及了。
Ràng nǐ pǎo nǐ jiù pǎo, láibují le.
뛰라면 뛰어, 시간 없어.

02
让你**拿着**你就**拿着**，别客气！
Ràng nǐ názhe nǐ jiù názhe, bié kèqi!
받으라면 받아, 사양하지 말고!

来不及 láibují 시간적 여유가 없다. 시간이 맞지 않다
客气 kèqi 통 사양하다
管 guǎn 통 간섭하다. 관여하다
偷 tōu 통 훔치다. 도둑질하다

03
叫你**吃**你就**吃**，其他的别管。
Jiào nǐ chī nǐ jiù chī, qítā de bié guǎn.
먹으라면 먹어, 다른 것은 상관하지 말고.

04
他让你**偷**你就**偷**，你是傻子吗？
Tā ràng nǐ tōu nǐ jiù tōu, nǐ shì shǎzi ma?
걔가 너더러 훔치라면 훔쳐? 너 바보냐?

05
你让我**走**我就**走**啊，我就不走！
Nǐ ràng wǒ zǒu wǒ jiù zǒu a, wǒ jiù bù zǒu!
네가 나더러 가라면 내가 갈 줄 아냐? 나 안 갈 거야!

06
让你**穿**你就**穿**，不穿肯定会后悔。
Ràng nǐ chuān nǐ jiù chuān, bù chuān kěndìng huì hòuhuǐ.
입으라면 입어, 안 입으면 분명 후회할 걸.

07
叫你**看**你就**看**，肯定是有原因的。
Jiào nǐ kàn nǐ jiù kàn, kěndìng shì yǒu yuányīn de.
보라면 봐, 분명히 이유가 있는 거겠지.

原因 yuányīn 명 원인
收拾 shōushi 통 정돈하다. 정리하다
脸色 liǎnsè 명 안색. 혈색

08
让你**收拾**你就**收拾**，哪来这么多话！
Ràng nǐ shōushi nǐ jiù shōushi, nǎ lái zhème duō huà!
정리하라면 정리하지, 왜 이렇게 말이 많아!

09
他让你**干吗**你就**干吗**，他是你的谁啊？
Tā ràng nǐ gànmá nǐ jiù gànmá, tā shì nǐ de shéi a?
걔가 시킨다고 시키는대로 다 해? 걔가 너한테 뭔데?

10
叫你**休息**你就**休息**，你看看你的脸色。
Jiào nǐ xiūxi nǐ jiù xiūxi, nǐ kànkan nǐ de liǎnsè.
쉬라면 좀 쉬어. 네 안색 좀 봐 봐.

能(可以)…吗?

~해도 돼?

'可以'와 '能'은 다소 차이가 있지만 '吗'와 함께 허락을 구하는 표현으로 사용될 때는 같이 사용할 수 있어요.

▶ **김쌤 & 강쌤의 티키타카** ◀

你做的菜真好吃!
Nǐ zuò de cài zhēn hǎochī!

你能天天来我家给我做饭吗?
Nǐ néng tiāntiān lái wǒ jiā gěi wǒ zuòfàn ma?

可以，只要这个月你不要工资就可以了。
Kěyǐ, zhǐyào zhège yuè nǐ búyào gōngzī jiù kěyǐ le.

강쌤   쌤이 만든 요리 완전 맛있어요!
          매일 우리 집에 와서 밥 해 주면 안 돼요?
김쌤   되지, 이번 달 월급만 안 받는다면 말이야.

01

我能坐这儿吗?

Wǒ néng zuò zhèr ma?

여기 앉아도 되나요?

02

能换换座位吗?

Néng huànhuan zuòwèi ma?

자리 좀 바꿀 수 있을까요?

03

你能大声说话吗?

Nǐ néng dàshēng shuōhuà ma?

큰소리로 말해 주실 수 있나요?

> 座位 zuòwèi 명 자리, 좌석
> 大声 dàshēng 명 큰 소리

04

你能再说一遍吗?

Nǐ néng zài shuō yíbiàn ma?

다시 한 번 말씀해 주시겠습니까?

05

你可以对我好点儿吗?

Nǐ kěyǐ duì wǒ hǎo diǎnr ma?

나한테 좀 잘해 줄래?

06

你可以帮我做家务吗?

Nǐ kěyǐ bāng wǒ zuò jiāwù ma?

집안일을 도와줄 수 있어?

07

你可以给我涨工资吗?

Nǐ kěyǐ gěi wǒ zhǎng gōngzī ma?

저에게 월급을 올려 주실 수 있나요?

> 家务 jiāwù 명 가사, 집안일
> 好像 hǎoxiàng 동 마치 ~과 같다

08

我能用用你的电脑吗?

Wǒ néng yòngyong nǐ de diànnǎo ma?

너 컴퓨터 좀 써도 돼?

09

我身体有点儿不舒服，你能带我去医院吗?

Wǒ shēntǐ yǒudiǎnr bù shūfu, nǐ néng dài wǒ qù yīyuàn ma?

나 몸이 좀 안 좋아서 그러는데 병원에 좀 데려다 줄 수 있어?

10

我的电脑好像有什么问题，你能看看我的电脑吗?

Wǒ de diànnǎo hǎoxiàng yǒu shénme wèntí, nǐ néng kànkan wǒ de diànnǎo ma?

내 컴퓨터에 무슨 문제가 있는 것 같은데, 너 내 컴퓨터 좀 봐 줄 수 있어?

047

영상 보기

不是…吗?

~이 아니야?

반문하는 형식이며, 예를 들면 '你**不是**有男朋友**吗?** (너 남자친구 있는 거 아냐?)'는 '你有男朋友。(너 남자친구 있잖아.)'의 뜻으로 이해해야 돼요. 즉 '不是…吗?'를 제외시키면 정작 하고 싶은 말의 의미가 나와요.

▶ **김쌤 & 강쌤의 티키타카** ◀

你不是中午吃饱了吗?
Nǐ búshì zhōngwǔ chībǎo le ma?

这么好吃的蛋糕，怎么能不吃呢?
Zhème hǎochī de dàngāo, zěnme néng bù chī ne?

강쌤   원장쌤, 점심 배불리 먹은 거 아니었어요? (점심 배불리 먹었잖아요.)
김쌤   이렇게 맛있는 케이크를 어떻게 안 먹을 수 있겠어?

01
你不是反对吗?
Nǐ búshì fǎnduì ma?
너 반대하는 거 아니였어?

02
你不是受伤了吗?
Nǐ búshì shòushāng le ma?
너 다친 거 아니였어?

03
你不是没预习吗?
Nǐ búshì méi yùxí ma?
너 예습 안 한 거 아니였어?

预习 yùxí 통 예습하다
创业 chuàngyè 통 창업하다
紧张 jǐnzhāng 형 긴장하다

04
你不是想创业吗?
Nǐ búshì xiǎng chuàngyè ma?
창업하고 싶었던 거 아니야?

05
你不是很紧张吗?
Nǐ búshì hěn jǐnzhāng ma?
너 긴장한 거 아니였어?

06
你不是想批评我吗?
Nǐ búshì xiǎng pīpíng wǒ ma?
저를 혼내려던 거 아니였어요?

07
比赛不是取消了吗?
Bǐsài búshì qǔxiāo le ma?
경기 취소된 거 아니였어?

批评 pīpíng 통 지적하다, 혼내다
取消 qǔxiāo 통 취소하다
合理 hélǐ 형 합리적이다
公布 gōngbù 통 공포하다, 공표하다

08
你不是刚吃完饭吗?
Nǐ búshì gāng chīwán fàn ma?
너 방금 밥 다 먹은 거 아니였어?

09
这样做不是很合理吗?
Zhèyàng zuò búshì hěn hélǐ ma?
이렇게 하는 것이 합리적이지 않아?

10
比赛结果不是不公布吗?
Bǐsài jiéguǒ búshì bù gōngbù ma?
경기 결과 발표 안 한 거 아니였어?

不是说…吗?

~라고 하지 않았어?

패턴 47의 확장패턴이며, 예를 들면 '你**不是说**想和我结婚**吗**? (나랑 결혼하고 싶다고 말하지 않았어?)'는 '你说想和我结婚。(나와 결혼하고 싶다고 말했잖아.)'의 뜻이에요. '不是说…吗?'를 제외시키면 정작 하고 싶은 말의 의미가 돼요.

▶ **김쌤 & 강쌤의 티키타카** ◀

你不是说只喜欢你老公吗?
Nǐ búshì shuō zhǐ xǐhuan nǐ lǎogōng ma?

这么帅的男人，怎么能不看?
Zhème shuài de nánrén, zěnme néng bú kàn?

강쌤 남편만 좋아한다고 하지 않으셨어요?
김쌤 이렇게 잘생긴 남자를 어떻게 안 볼 수가 있겠어?

01
你**不是说爱我**吗?
Nǐ búshì shuō ài wǒ ma?
날 사랑한다고 하지 않았어?

02
你**不是说不害怕**吗?
Nǐ búshì shuō bú hàipà ma?
너 안 무섭다고 하지 않았어?

害怕 hàipà 图 두려워하다. 무서워하다
请 qǐng 图 청하다. 한턱내다

03
你**不是说不生气**吗?
Nǐ búshì shuō bù shēngqì ma?
화 안 낸다고 하지 않았어?

04
你**不是说请我吃饭**吗?
Nǐ búshì shuō qǐng wǒ chīfàn ma?
네가 밥 산다고 하지 않았어?

05
你**不是说今晚加班**吗?
Nǐ búshì shuō jīnwǎn jiābān ma?
오늘 저녁에 야근한다고 하지 않았어?

06
你**不是说今天没时间**吗?
Nǐ búshì shuō jīntiān méi shíjiān ma?
너 오늘 시간 없다고 하지 않았어?

07
你**不是说想换个工作**吗?
Nǐ búshì shuō xiǎng huàn ge gōngzuò ma?
직장을 바꾸고(옮기고) 싶다고 하지 않았어?

08
你**不是说以后不喝酒了**吗?
Nǐ búshì shuō yǐhòu bù hējiǔ le ma?
앞으로 술 안 마신다고 하지 않았어?

09
你**不是说要减肥**吗? 怎么又吃这么多?
Nǐ búshì shuō yào jiǎnféi ma? Zěnme yòu chī zhème duō?
너 다이어트해야 한다고 하지 않았어? 왜 또 이렇게 많이 먹어?

减肥 jiǎnféi 图 살을 빼다. 다이어트하다

10
你**不是说没钱**吗? 那这些钱是哪儿来的?
Nǐ búshì shuō méi qián ma? Nà zhèxiē qián shì nǎr lái de?
돈 없다고 하지 않았어? 그럼 이 돈은 어디서 난 거야?

难道 A 吗?

설마 A는 아니지?

'难道 nándào'는 '설마 ~하겠는가?', '그래 ~란 말인가?'의 뜻으로 그럴리가 없다는 강한 의혹을 나타내고자 반문의 어기로 강하게 표현하는 패턴이에요.

▶ **김쌤 & 강쌤의 티키타카** ◀

这都十一点了，你怎么还不来上班？
Zhè dōu shíyī diǎn le, nǐ zěnme hái bù lái shàngbān?

难道你忘了今天上班吗？
Nándào nǐ wàng le jīntiān shàngbān ma?

难道你忘了今天是星期天吗？
Nándào nǐ wàng le jīntiān shì xīngqītiān ma?

灰姑娘也要休息啊！
Huīgūniang yě yào xiūxi a!

灰姑娘 Huīgūniang 신데렐라

(전화 통화 중)

김쌤   벌써 열한 시인데, 왜 아직도 출근을 안 해?
        설마 오늘 출근하는 거 잊은 거야?

강쌤   설마 오늘이 일요일이라는 거 잊으신 거예요?
        신데렐라도 쉬어야죠!

01
难道我做得不好吗?
Nándào wǒ zuò de bù hǎo ma?
설마 내가 잘못했다는 거야?

02
难道又是我买单吗?
Nándào yòu shì wǒ mǎidān ma?
설마 또 내가 계산하는 거야?

03
难道你不相信我吗?
Nándào nǐ bù xiāngxìn wǒ ma?
설마 나를 못 믿는 거야?

买单 mǎidān 동 계산하다, 지불하다
相信 xiāngxìn 동 믿다, 신임하다

04
难道你什么也不知道吗?
Nándào nǐ shénme yě bù zhīdào ma?
설마 너 아무것도 모르는 거야?

05
难道你没看那个电影吗?
Nándào nǐ méi kàn nàge diànyǐng ma?
너 설마 그 영화 안 본 거야?

06
难道你不给我涨工资吗?
Nándào nǐ bù gěi wǒ zhǎng gōngzī ma?
설마 나에게 월급을 올려 주지 않겠다는 거야?

07
难道你忘了给我涨工资吗?
Nándào nǐ wàng le gěi wǒ zhǎng gōngzī ma?
설마 월급 올려 주는 거 잊은 거야?

08
你难道不明白"难道"吗?
Nǐ nándào bù míngbai "nándào" ma?
너 설마 '难道'를 모르는 거야?

09
难道你觉得你做得很好吗?
Nándào nǐ juéde nǐ zuò de hěn hǎo ma?
너 설마 네가 잘했다고 생각하는 거야?

10
难道你一点儿也不后悔吗?
Nándào nǐ yìdiǎnr yě bú hòuhuǐ ma?
설마 너는 조금도 후회하지 않는 거야?

050

영상 보기

哪儿有…?

~가(이) 어딨어?

'없다'는 것을 강하게 반문하는 표현이에요.

▶ 김쌤 & 강쌤의 티키타카 ◀

 哪儿有我这么漂亮的人啊！
Nǎr yǒu wǒ zhème piàoliang de rén a!

 这么说不对。
Zhème shuō bú duì.

你应该说 "哪儿有我这么自恋的人啊！"。
Nǐ yīnggāi shuō "nǎr yǒu wǒ zhème zìliàn de rén a!".

自恋 zìliàn 명 자기애

김쌤 　 나처럼 이렇게 예쁜 사람이 어딨어!

강쌤 　 이렇게 말씀하시는 것은 옳지 않아요.

　　　 '나처럼 이렇게 자기애가 강한 사람이 어딨어!'라고 말씀하셔야죠.

01

我**哪儿有**钱借给你啊！

Wǒ nǎr yǒu qián jiè gěi nǐ a!

내가 너에게 빌려줄 돈이 어디 있어!

02

哪儿有这么好的婆婆啊？

Nǎr yǒu zhème hǎo de pópo a?

이렇게 좋은 시어머니가 어딨어요?

03

他**哪儿有**勇气承认错误？

Tā nǎr yǒu yǒngqì chéngrèn cuòwù?

그가 잘못을 인정할 용기가 어디 있어?

婆婆 pópo 명 시어머니
承认 chéngrèn 통 시인하다. 인정하다
错误 cuòwù 명 실수. 잘못
空儿 kòngr 명 틈(새). 여백
聊天 liáotiān 통 한담하다. 잡담을 하다

04

我**哪儿有**空儿和你聊天啊？

Wǒ nǎr yǒu kòngr hé nǐ liáotiān a?

내가 너와 이야기할 시간이 어디 있어?

05

我**哪儿有**时间陪你玩儿啊！

Wǒ nǎr yǒu shíjiān péi nǐ wánr a!

내가 너랑 놀아줄 시간이 어디 있어!

06

哪儿有这么听话的儿子啊？

Nǎr yǒu zhème tīnghuà de érzi a?

이렇게 말 잘 듣는 아들이 어딨어?

07

哪儿有这么便宜的衣服啊？

Nǎr yǒu zhème piányi de yīfu a?

이렇게 싼 옷이 어디 있어요?

听话 tīnghuà 통 말을 (잘) 듣다. 순종하다
游戏 yóuxì 명 게임

08

哪儿有不喜欢游戏的男人啊？

Nǎr yǒu bù xǐhuan yóuxì de nánrén a?

게임을 싫어하는 남자가 어디 있어?

09

世界上**哪儿有**这么善良的人啊？

Shìjiè shang nǎr yǒu zhème shànliáng de rén a?

세상에 이렇게 착한 사람이 어디 있어?

10

世界上**哪儿有**我这么好的女朋友？

Shìjiè shang nǎr yǒu wǒ zhème hǎo de nǚpéngyou?

세상에 나 같은 좋은 여자친구가 어디 있어?

怎么能···呢?

어떻게 ~할 수 있어?

반문하는 표현으로 말하고자 하는 내용을 더 강하게 나타내고자 할 때 사용해요. **'能' 다음에 부정부사 '不'**가 올 수 있어요.

▶ **김쌤 & 강쌤의 티키타카** ◀

你怎么能吃一碗饭呢? 你是靠脸吃饭的人。
Nǐ zěnme néng chī yì wǎn fàn ne? Nǐ shì kào liǎn chīfàn de rén.

那我应该吃多少?
Nà wǒ yīnggāi chī duōshao?

你应该不吃!
Nǐ yīnggāi bù chī!

你是不是想饿死我?
Nǐ shìbushì xiǎng è sǐ wǒ?

강쌤   쌤 어떻게 밥을 한 그릇씩이나 먹을 수 있어요? 쌤은 얼굴로 먹고 사는 사람이잖아요.
김쌤   그럼 얼만큼 먹어야 되는데?
강쌤   먹지 말아야죠!
김쌤   날 굶겨 죽일 생각이야?

01
你怎么能骗我呢?

Nǐ zěnme néng piàn wǒ ne?

너는 어떻게 나를 속일 수 있니?

02
你怎么能撒谎呢?

Nǐ zěnme néng sāhuǎng ne?

너는 어떻게 거짓말을 할 수 있니?

骗 piàn 통 속이다, 기만하다

原谅 yuánliàng 통 양해하다, 용서하다

03
你怎么能打人呢?

Nǐ zěnme néng dǎrén ne?

너 어떻게 사람을 때릴 수가 있니?

04
你怎么能不还钱呢?

Nǐ zěnme néng bù huánqián ne?

너는 어떻게 돈을 안 갚을 수 있니?

05
你怎么能原谅他呢?

Nǐ zěnme néng yuánliàng tā ne?

너는 어떻게 그를 용서할 수 있니?

06
你怎么能欺负孩子呢?

Nǐ zěnme néng qīfu háizi ne?

너는 어떻게 아이를 괴롭힐 수 있니?

07
你怎么能喜欢上别的女人呢?

Nǐ zěnme néng xǐhuan shàng bié de nǚrén ne?

네가 어떻게 다른 여자를 좋아할 수 있어?

欺负 qīfu 통 괴롭히다

外卖 wàimài 명 포장 판매 음식, 배달음식

脏 zāng 형 더럽다

打扫 dǎsǎo 통 청소하다

08
这么重要的事，你怎么能忘了呢?

Zhème zhòngyào de shì, nǐ zěnme néng wàng le ne?

이렇게 중요한 일을 넌 어떻게 잊을 수 있니?

09
你怎么能一个星期天天只吃外卖呢?

Nǐ zěnme néng yí ge xīngqī tiāntiān zhǐ chī wàimài ne?

너는 어떻게 일주일 내내 배달음식만 먹을 수가 있니?

10
房间这么脏，你怎么能一个月不打扫呢?

Fángjiān zhème zāng, nǐ zěnme néng yí ge yuè bù dǎsǎo ne?

방이 이렇게 더러운데 너는 어떻게 한 달 동안 청소를 안 할 수가 있니?

怎样才能…呢?

어떻게 해야(어떻게 하면) ～할 수 있을까?

'怎样'은 '어떻게'라는 뜻으로 성질이나 상황, 방식 등을 물을 때 써요.

▶ **김쌤 & 강쌤의 티키타카** ◀

你最关心的三个问题是什么?
Nǐ zuì guānxīn de sān ge wèntí shì shénme?

怎样才能发财呢?
Zěnyàng cái néng fācái ne?

怎样才能中大奖呢?
Zěnyàng cái néng zhòng dà jiǎng ne?

怎样才能瘦10公斤呢?
Zěnyàng cái néng shòu shí gōngjīn ne?

发财 fācái 통 돈을 벌다. 부자가 되다.
中奖 zhòngjiǎng 통 (복권 따위에) 당첨되다

我也是。
Wǒ yě shì.

김쌤   쌤은 가장 관심 있는 세 가지 문제가 뭐야?

강쌤   어떻게 하면 부자가 될 수 있을까?

       어떻게 하면 로또에 당첨될 수 있을까?

       어떻게 하면 10kg을 뺄 수 있을까?

김쌤   나도 그래.

01
怎样才能**不脱发**呢?
Zěnyàng cái néng bù tuōfà ne?
어떻게 해야 머리가 안 빠질까요?

02
怎样才能**挣大钱**呢?
Zěnyàng cái néng zhèng dàqián ne?
어떻게 해야 돈을 많이 벌 수 있을까?

脱发 tuōfà 통 탈모하다, 머리털이 빠지다
挣 zhèng 통 벌다
瘦大腿 shòu dàtuǐ 허벅지살을 빼다
长寿 chángshòu 통 장수하다. 오래 살다

03
怎样才能**瘦大腿**呢?
Zěnyàng cái néng shòu dàtuǐ ne?
어떻게 하면 허벅지를(살을) 뺄 수 있을까?

04
怎样才能**健康长寿**呢?
Zěnyàng cái néng jiànkāng chángshòu ne?
어떻게 해야 건강하게 장수할 수 있습니까?

05
怎样才能**学好汉语**呢?
Zěnyàng cái néng xuéhǎo Hànyǔ ne?
어떻게 해야 중국어를 잘 배울 수 있을까요?

06
怎样才能**减肥成功**呢?
Zěnyàng cái néng jiǎnféi chénggōng ne?
어떻게 하면 다이어트에 성공할 수 있을까?

07
怎样才能**找到好工作**呢?
Zěnyàng cái néng zhǎodào hǎo gōngzuò ne?
어떻게 해야 좋은 직장을 구할 수 있을까?

08
怎样才能**让他喜欢我**呢?
Zěnyàng cái néng ràng tā xǐhuan wǒ ne?
어떻게 하면 그가 나를 좋아하게 할 수 있을까?

实现 shíxiàn 통 실현하다. 달성하다

09
怎样才能**解决这个问题**呢?
Zěnyàng cái néng jiějué zhège wèntí ne?
어떻게 하면 이 문제를 해결할 수 있을까?

10
怎样才能**实现自己的梦想**呢?
Zěnyàng cái néng shíxiàn zìjǐ de mèngxiǎng ne?
어떻게 하면 자신의 꿈을 이룰 수 있을까?

053

영상 보기

怎么这么…?

왜(어째서) 이렇게 ~해?

생각지도 못한 의외의 상황에 대한 의아함, 놀람 또는 불만 등을 표현할 때 써요. 강조의 의미도 있어요.

▶ **김쌤 & 강쌤의 티키타카** ◀

我已经买单了。
Wǒ yǐjīng mǎidān le.

今天怎么这么大方?
Jīntiān zěnme zhème dàfang?

用了你的卡。
Yòng le nǐ de kǎ.

> **买单** mǎidān 동 계산하다. 지불하다
> **大方** dàfang 형 시원스럽다. 인색하지 않다

강쌤 제가 이미 계산했어요.
김쌤 오늘 왜 이렇게 돈을 잘 써?
강쌤 원장쌤 카드로 긁었죠.

01 他怎么这么搞笑?
Tā zěnme zhème gǎoxiào?
쟤 왜 이렇게 웃겨?

02 他怎么这么胆小?
Tā zěnme zhème dǎnxiǎo?
걘 왜 이렇게 겁이 많아?

搞笑 gǎoxiào 동 웃기다
胆小 dǎnxiǎo 형 겁이 많다, 소심하다
脏 zāng 형 더럽다
能说 néngshuō 형 말솜씨가 좋다

03 他怎么这么有钱?
Tā zěnme zhème yǒu qián?
그는 어째서 이렇게 돈이 많아요?

04 房间怎么这么脏啊?
Fángjiān zěnme zhème zāng a?
방이 왜 이렇게 더러워?

05 他怎么这么能说啊?
Tā zěnme zhème néngshuō a?
그는 왜 이렇게 말솜씨가 좋아요?

06 他怎么这么抠门啊?
Tā zěnme zhème kōumén a?
그는 왜 이렇게 인색한 거야?

07 你的汉语怎么这么好?
Nǐ de Hànyǔ zěnme zhème hǎo?
너는 중국어를 어떻게 이렇게 잘하니?

抠门 kōumén 형 인색하다
懂事 dǒngshì 동 세상 물정을 알다, 철들다
礼貌 lǐmào 명 예의

08 找个工作怎么这么难?
Zhǎo ge gōngzuò zěnme zhème nán?
일자리 구하는 게 왜 이렇게 어려운 거야?

09 你怎么这么不懂事啊?
Nǐ zěnme zhème bù dǒngshì a?
너는 왜 이렇게 철이 없니?

10 这个人怎么这么没礼貌?
Zhège rén zěnme zhème méi lǐmào?
이 사람은 왜 이렇게 예의가 없는 거야?

054

영상 보기

要不要再…?

좀 더 ~할래?

'再 zài'는 '다시'라는 뜻의 부사이지만 여기서는 '더'의 해석이 더 자연스러워요.

김쌤 & 강쌤의 티키타카

要不要再休息一天? 你的病还没好!
Yàobuyào zài xiūxi yìtiān?   Nǐ de bìng hái méi hǎo!

不行! 还有这么多工作, 我怎么能休息?
Bù xíng! Hái yǒu zhème duō gōngzuò, wǒ zěnme néng xiūxi?

演得真好! 你应该当演员!
Yǎn de zhēn hǎo! Nǐ yīnggāi dāng yǎnyuán!

当 dāng 통 ~이 되다
演员 yǎnyuán 명 배우. 연기자

김쌤　　하루 더 쉴래? 병이 아직 다 안 나았잖아.
강쌤　　안 돼요! 일거리가 이렇게 많은데 제가 어떻게 쉴 수 있겠어요?
김쌤　　연기 잘~한다! 너는 배우가 됐어야 해!

01 要不要再买一双?
Yàobuyào zài mǎi yì shuāng?
한 켤레 더 살래?

02 要不要再睡一会儿?
Yàobuyào zài shuì yíhuìr?
좀 더 잘래?

03 要不要再等一会儿?
Yàobuyào zài děng yíhuìr?
조금만 더 기다릴까?

04 要不要再唱一首歌?
Yàobuyào zài chàng yì shǒu gē?
노래 한 곡 더 할래?

05 要不要再看五分钟?
Yàobuyào zài kàn wǔ fēnzhōng?
5분만 더 볼까?

06 要不要再给你示范一次?
Yàobuyào zài gěi nǐ shìfàn yí cì?
시범을 한 번 더 보여 줄까요?

07 要不要再玩儿一遍这个游戏?
Yàobuyào zài wánr yíbiàn zhège yóuxì?
이 게임 한 판 더 할까?

08 都明白了吗? 要不要再说一遍?
Dōu míngbai le ma? Yàobuyào zài shuō yíbiàn?
다 아시겠어요? 한 번 더 말할까요?

示范 shìfàn 동 모범을 보이다. 시범하다
打篮球 dǎ lánqiú 동 농구를 하다

09 要不要再打十分钟? 平时没时间打篮球。
Yàobuyào zài dǎ shí fēnzhōng? Píngshí méi shíjiān dǎ lánqiú.
10분 더 할까? 평소에 농구 할 시간도 없는데.

10 要不要再吃一碗? 你这么瘦,多吃点儿!
Yàobuyào zài chī yì wǎn? Nǐ zhème shòu, duō chī diǎnr!
한 그릇 더 먹을래? 이렇게 말랐으니 많이 좀 먹어!

055

是不是有点儿…?

좀 ～하지 않아?

영상 보기

'是不是…?' (～인 거 아니야/～야, 아니야?)' 패턴의 확장 패턴이에요. '有点儿 yǒudiǎnr'은 서술어 앞에서 부사로 쓰여 불만이나 이상적이지 않음을 나타내는데 이 패턴에서는 이런 제약 없이 다 사용이 가능해요.

More⁺
- 我有点儿不舒服。 나 좀 불편해.
- 您多吃一点儿吧！ 많이 드세요!

▶ **김쌤 & 강쌤의 티키타카** ◀

你过生日我不送礼物，是不是有点儿不合适?
Nǐ guò shēngrì wǒ bú sòng lǐwù, shìbushì yǒudiǎnr bù héshì?

不是有点儿，是很不合适。
Búshì yǒudiǎnr, shì hěn bù héshì.

合适 héshì 형 적당하다. 알맞다. 적합하다

강쌤   쌤 생일에 선물을 안 하면 좀 그렇지 않아요?
김쌤   조금 그렇게 아니라 매우 적절치 않지.

01
我和他是不是有点儿像?
Wǒ hé tā shìbushì yǒudiǎnr xiàng?
나 걔랑 좀 닮지 않았어?

02
我穿的是不是有点儿土?
Wǒ chuān de shìbushì yǒudiǎnr tǔ?
내가 입은 게 좀 촌스럽지 않아?

土 tǔ 형 촌스럽다
咸 xián 형 (맛이) 짜다
裤子 kùzi 명 바지
紧 jǐn 형 (옷 등이) 너무 작다, 꼭 끼다

03
他做的菜是不是有点儿咸?
Tā zuò de cài shìbushì yǒudiǎnr xián?
그가 만든 요리 좀 짜지 않아?

04
我最近是不是有点儿胖了?
Wǒ zuìjìn shìbushì yǒudiǎnr pàng le?
나 요즘 좀 살찌지 않았어?

05
这条裤子是不是有点儿紧?
Zhè tiáo kùzi shìbushì yǒudiǎnr jǐn?
이 바지 좀 타이트하지 않아?

06
下个星期去是不是有点儿晚?
Xiàge xīngqī qù shìbushì yǒudiǎnr wǎn?
다음 주에 가면 좀 늦지 않아?

07
现在学这个是不是有点儿早?
Xiànzài xué zhège shìbushì yǒudiǎnr zǎo?
지금 이걸 배우기는 좀 이르지 않아?

08
他的性格是不是有点儿奇怪?
Tā de xìnggé shìbushì yǒudiǎnr qíguài?
그의 성격이 좀 이상하지 않아?

性格 xìnggé 명 성격
奇怪 qíguài 형 이상하다

09
你现在说这些话，是不是有点儿晚?
Nǐ xiànzài shuō zhèxiē huà, shìbushì yǒudiǎnr wǎn?
지금 이런 말을 하기에는 좀 늦은 거 아냐?

10
认识两个星期就结婚，是个是有点儿快?
Rènshi liǎng ge xīngqī jiù jiéhūn, shìbushì yǒudiǎnr kuài?
만난 지 2주만에 결혼하는 건 좀 빠르지 않아?

056

영상 보기

…不就行了吗?

~하면 되는 거 아니야?

'~하면 되잖아'를 좀 더 강하게 표현하기 위해 반문하는 패턴이에요.

김쌤 & 강쌤의 티키타카

有什么话，直接说不就行了吗? 别拐弯抹角。
Yǒu shénme huà, zhíjiē shuō bú jiù xíng le ma? Bié guǎiwān mòjiǎo.

我怕你生气。
Wǒ pà nǐ shēngqì.

为了你的生命安全，那你还是别说了。
Wèile nǐ de shēngmìng ānquán, nà nǐ háishi bié shuō le.

直接 zhíjiē 囝 직접
拐弯抹角 guǎiwān mòjiǎo 셍 (말·글 따위를) 빙빙 돌리다.
돌려서 말하다
生命 shēngmìng 명 생명

김쌤 　 할 말이 있으면 바로 말하면 되는 거 아냐? 빙빙 돌리지 말고.
강쌤 　 쌤이 화낼까 봐요.
김쌤 　 그럼 네 생명의 안전을 위해 말하지 마.

01

吵的话，搬家不就行了吗?

Chǎo de huà, bānjiā bú jiù xíng le ma?

시끄러우면 이사하면 되는 거 아냐?

02

走着去不就行了吗? 反正很近。

Zǒuzhe qù bú jiù xíng le ma? Fǎnzhèng hěn jìn.

걸어가면 되지 않아? 어차피 가까운데.

吵 chǎo 형 시끄럽다

搬家 bānjiā 동 이사하다, 집을 옮기다

反正 fǎnzhèng 부 어차피

03

他要什么，你给他不就行了吗?

Tā yào shénme, nǐ gěi tā bú jiù xíng le ma?

그가 원하는 걸 네가 주면 되는 거 아냐?

04

你不喜欢他了，分手不就行了吗?

Nǐ bù xǐhuan tā le, fēnshǒu bú jiù xíng le ma?

그를 좋아하지 않으면 헤어지면 되는 거 아냐?

05

放冰箱里不就行了吗? 不会坏的!

Fàng bīngxiāng lǐ bú jiù xíng le ma? Búhuì huài de!

냉장고에 넣으면 되는 거 아니야? 상하지 않을 거야!

06

吃外卖不就行了吗? 做饭太麻烦!

Chī wàimài bú jiù xíng le ma? Zuòfàn tài máfan!

배달시켜 먹으면 되지 않아? 밥하기 너무 귀찮아!

麻烦 máfan 형 귀찮다, 성가시다, 번거롭다

查 chá 동 검색하다, 찾아보다

07

上网一查不就行了吗? 不用问别人!

Shàngwǎng yì chá bú jiù xíng le ma? Búyòng wèn biérén!

인터넷에서 검색하면 되지 않아? 다른 사람한테 물어볼 필요 없어!

08

多吃点儿，一会儿多运动不就行了吗?

Duō chī diǎnr, yíhuìr duō yùndòng bú jiù xíng le ma?

많이 먹고, 좀 이따가 운동 많이 하면 되지 않아?

09

是不是真的，打电话问问不就行了吗?

Shìbushì zhēnde, dǎ diànhuà wènwen bú jiù xíng le ma?

정말인지 아닌지 전화해서 물어보면 될 것 아닙니까?

10

这次没考好，下次再努力不就行了吗?

Zhè cì méi kǎohǎo, xiàcì zài nǔlì bú jiù xíng le ma?

이번에 시험을 잘 못 봤으면 다음에 더 노력하면 되지 않아?

057

영상 보기

有什么好(可)A的

A할 게 뭐 있어

'전혀 A할 필요가 없다'는 의미를 강하게 반문하는 형식이에요.

▶ **김쌤 & 강쌤의 티키타카** ◀

你老公出差回来了，你怎么不高兴？
Nǐ lǎogōng chūchāi huílái le, nǐ zěnme bù gāoxìng?

我有什么好高兴的!
Wǒ yǒu shénme hǎo gāoxìng de!

又要开始做饭了!
Yòu yào kāishǐ zuòfàn le!

出差 chūchāi 동 출장하다

김쌤   남편이 출장 갔다 왔는데 왜 기분이 안 좋아?
강쌤   제가 기분 좋을 게 뭐 있어요!
        또 밥 해야 되는데!

01 有什么**奇怪**的?
Yǒu shénme qíguài de?
이상할 게 뭐 있어?

02 有什么**不行**的?
Yǒu shénme bù xíng de?
안 될 게 뭐 있어?

奇怪 qíguài 형 이상하다
可怜 kělián 형 가련하다, 불쌍하다
了不起 liǎobuqǐ 형 보통이 아니다, 뛰어나다
商量 shāngliang 동 상의하다, 의논하다

03 有什么**可怜**的?
Yǒu shénme kělián de?
불쌍할 게 뭐 있어?

04 有什么**了不起**的?
Yǒu shénme liǎobuqǐ de?
대단할 게 뭐 있어?

05 有什么可**商量**的?
Yǒu shénme kě shāngliang de?
상의할 게 뭐 있어?

06 看什么，有什么可**看**的?
Kàn shénme, yǒu shénme kě kàn de?
뭘 보는데, 볼 게 뭐 있어?

07 当爷爷奶奶有什么**不好**的?
Dāng yéye nǎinai yǒu shénme bù hǎo de?
할머니 할아버지 되는 게 나쁠 게 뭐 있어?

08 对不起什么，有什么**对不起**的?
Duìbuqǐ shénme, yǒu shénme duìbuqǐ de?
뭐가 미안해, 미안할 게 뭐 있어?

考虑 kǎolǜ 동 고려하다
说不出口 shuōbuchūkǒu 말하기 부끄럽다
(쑥스럽다), 말을 꺼낼 수 없다

09 考虑什么呀? 有什么好**考虑**的?
Kǎolǜ shénme ya? Yǒu shénme hǎo kǎolǜ de?
생각은 무슨? 생각할 게 뭐 있어?

10 跟我有什么**说不出口**的? 快说!
Gēn wǒ yǒu shénme shuōbuchūkǒu de? Kuài shuō!
나한테 말 못 할 게 뭐 있어? 빨리 말해!

A 就 A 吧

좀 A하면 어때/ A하면 A하는 거지

여기서 '就'는 두 개의 같은 성분 사이에 삽입되어 어떤 말이나 상황에 대해 용인, 용납 혹은 상관없거나 개의치 않는다는 말투를 나타내요.

▶ **김쌤 & 강쌤의 티키타카** ◀

老婆，买这件怎么样? 就是有点儿贵!
Lǎopo, mǎi zhè jiàn zěnmeyàng? Jiù shì yǒudiǎnr guì!

没关系，贵就贵吧，反正刷你的卡!
Méi guānxi, guì jiù guì ba, fǎnzhèng shuā nǐ de kǎ!

反正 fǎnzhèng 〔부〕 어쨌든
刷卡 shuākǎ 〔동〕 카드를 긁다. 카드로 결제하다

남편　여보, 이거 살까? 근데 좀 비싸네!
강쌤　괜찮아, 좀 비싸면 어때. 어차피 당신 카드 긁을 건데 뭐!

01 旧就旧吧，能用就行。
Jiù jiù jiù ba, néng yòng jiù xíng.
좀 낡았으면 어때, 쓸 수 있으면 되지.

02 贵就贵吧，你喜欢就好。
Guì jiù guì ba, nǐ xǐhuan jiù hǎo.
좀 비싸면 어때, 네 맘에 들면 돼.

03 胖就胖吧，你胖点儿更好看。
Pàng jiù pàng ba, nǐ pàng diǎnr gèng hǎokàn.
통통하면 좀 어때, 넌 좀 통통해야 더 예뻐.

> 旧 jiù 형 헐다. 낡다. 오래되다
> 紧 jǐn 형 (옷 등이) 너무 작다. 꼭 끼다

04 紧就紧吧，我从明天开始减肥。
Jǐn jiù jǐn ba, wǒ cóng míngtiān kāishǐ jiǎnféi.
좀 끼면 어때, 내일부터 다이어트 하는데 뭐.

05 他知道就知道吧，我又不怕他。
Tā zhīdào jiù zhīdào ba, wǒ yòu bú pà tā.
그가 알면 아는 거지, 난 걔 겁 안 나.

06 吵就吵吧，过一会儿他们俩就好了。
Chǎo jiù chǎo ba, guò yíhuìr tāmen liǎ jiù hǎo le.
싸우면 싸우는 거지, 조금 있으면 그 두 사람 화해할 거야.

07 年纪大就大吧，年纪大的更会照顾人。
Niánjì dà jiù dà ba, niánjì dà de gèng huì zhàogù rén.
나이가 좀 많으면 어때, 나이 많은 사람이 사람을 더 잘 챙겨.

> 吵 chǎo 동 말다툼하다
> 俩 liǎ 두 개. 두 사람
> 年纪 niánjì 명 연령. 나이
> 照顾 zhàogù 동 돌보다. 보살펴 주다

08 不好吃就不好吃吧，这是我第一次做饭。
Bù hǎochī jiù bù hǎochī ba, zhè shì wǒ dì yī cì zuòfàn.
맛없으면 좀 어때, 이번에 처음 요리하는 건데.

09 忙就忙点儿吧，我们过几天就能休息了。
Máng jiù máng diǎnr ba, wǒmen guò jǐtiān jiù néng xiūxi le.
좀 바쁘면 어때, 우리 며칠 있으면 쉴 수 있잖아.

10 大就大点儿吧，这件衣服能穿很长时间呢。
Dà jiù dà diǎnr ba, zhè jiàn yīfu néng chuān hěn cháng shíjiān ne.
좀 크면 어때, 이 옷을 오래 입을 수 있잖아.

A着A着

~하다가

'A着A着'는 **한 가지 동작을 지속적으로 반복할 때** 사용하는 표현이에요.

- A+着: A한 채로 있다 　　他躺**着**。 그는 누워 있다.
- A+着+B : A한 채로 B하다 　　他躺**着**看电视。 그가 누워서 TV를 본다. ('~서'로 해석)
　　　　　　　　　　　　　　孩子哭**着**哭**着**就睡着了。 아이가 울다가 잠이 들었다. ('~다가'로 해석)

김쌤 & 강쌤의 티키타카

质量太差了! 我坐着坐着椅子就坏了。
Zhìliàng tài chà le! Wǒ zuòzhe zuòzhe yǐzi jiù huài le.

不是因为你太胖了吗?
Búshì yīnwèi nǐ tài pàng le ma?

质量 zhìliàng 몡 품질

강쌤 　품질 너무 나쁘네! 앉아 있다가 의자가 망가졌어요.
김쌤 　네가 너무 살 쪄서 그런 거 아니고?

01 打着打着电话突然断了。
Dǎzhe dǎzhe diànhuà tūrán duàn le.
통화하다가 갑자기 끊겼어.

突然 tūrán 분 갑자기, 돌연히
断 duàn 동 끊다

02 我听着听着就不想听了。
Wǒ tīngzhe tīngzhe jiù bù xiǎng tīng le.
난 듣다가 듣기 싫어졌어.

03 她说着说着就哭起来了。
Tā shuōzhe shuōzhe jiù kūqǐlái le.
그녀는 말을 하다가 울기 시작했다.

04 我想着想着就把这件事忘了。
Wǒ xiǎngzhe xiǎngzhe jiù bǎ zhè jiàn shì wàng le.
나는 계속 생각하고 있었는데 이 일을 잊어버렸어요.

05 不用担心，做着做着就会了。
Búyòng dānxīn, zuòzhe zuòzhe jiù huì le.
걱정 마, 하다 보면 할 수 있게 돼.

06 这个游戏玩着玩着就上瘾了。
Zhège yóuxì wánzhe wánzhe jiù shàngyǐn le.
이 게임은 계속하다 보면 중독된다.

07 电脑总是用着用着就没网了。
Diànnǎo zǒngshì yòngzhe yòngzhe jiù méi wǎng le.
컴퓨터가 항상 쓰다 보면 인터넷이 안 돼.

上瘾 shàngyǐn 동 인이 박히다, 중독되다
掉 diào 동 (아래로) 떨어지다
躺 tǎng 동 눕다
睡着 shuìzháo 동 잠이 들다
背 bèi 동 외우다, 암기하다

08 他睡着睡着就从床上掉下来了。
Tā shuìzhe shuìzhe jiù cóng chuáng shang diàoxiàlái le.
그는 자다가 침대에서 떨어졌다.

09 我躺在床上看电视，看着看着就睡着了。
Wǒ tǎng zài chuáng shang kàn diànshì, kànzhe kànzhe jiù shuìzháo le.
나는 침대에 누워서 텔레비전을 보다가 잠이 들었다.

10 这本书太难了，我背着背着就不想背了。
Zhè běn shū tài nán le, wǒ bèizhe bèizhe jiù bù xiǎng bèi le.
이 책은 너무 어려워서 외우다보면 외우기 싫어져요.

060

영상 보기

不A白不A

A하지 않으면 손해지

'白 bái'에는 '무료로, 공짜로, 거저'의 의미가 있어서, 이 공짜인 것을 하지 않으면 손해라는 어감을 가진 표현이에요. **A에는 주로 한 글자로 된 동사가 사용**되고 문맥에 따라 A하면 '나만 손해지', '너만 손해지', '우리만 손해지'의 '누구만 손해'라는 말을 넣어주면 우리말과 같은 느낌을 더 잘 살릴 수 있어요.

▶ 김쌤 & 강쌤의 티키타카 ◀

不知道怎么了? 今天一直拉肚子。
Bù zhīdào zěnme le? Jīntiān yìzhí lā dùzi.

是吗? 我本来想请你吃五花肉呢。看来是不行了。
Shì ma? Wǒ běnlái xiǎng qǐng nǐ chī wǔhuāròu ne. Kànlái shì bù xíng le.

我能吃! 我爬也要爬过去吃。不吃白不吃!
Wǒ néng chī! Wǒ pá yě yào páguoqu chī. Bù chī bái bù chī!

拉肚子 lā dùzi 동 설사하다
五花肉 wǔhuāròu 명 삼겹살

강쌤   왠지 모르겠는데 오늘 계속 설사해요.
김쌤   그래? 원래 삼겹살 사 줄려고 했는데. 보니까 안 되겠네.
강쌤   먹을 수 있어요! 기어가서라도 먹을 거예요. 안 먹으면 손해지!

01
现在贷款利息低，不借白不借。
Xiànzài dàikuǎn lìxī dī, bú jiè bái bú jiè.
지금은 대출 이자가 낮은데, 대출 안 받으면 손해지.

02
有答案，干吗不抄，不抄白不抄。
Yǒu dá'àn, gànmá bù chāo, bù chāo bái bù chāo.
답이 있는데 왜 안 베껴. 안 베끼면 손해지.

贷款 dàikuǎn 몡 대출
利息 lìxī 몡 이자
抄 chāo 통 베끼다, 베껴 쓰다
开业 kāiyè 통 개업하다
按摩 ànmó 몡 안마, 마사지
所有 suǒyǒu 톙 모든, 일체의
打折 dǎzhé 통 할인하다, 디스카운트 하다

03
今天开业，按摩免费，不做白不做。
Jīntiān kāiyè, ànmó miǎnfèi, bú zuò bái bú zuò.
오늘 개업이라 마사지가 무료예요. 안 하면 손해지요.

04
听说这里所有东西打一折，不买白不买。
Tīngshuō zhèlǐ suǒyǒu dōngxi dǎ yì zhé, bù mǎi bái bù mǎi.
듣자니 여기의 모든 물건을 90% 할인한다던대 안 사면 손해죠.

05
我生日，请你吃饭，来吧！不来白不来。
Wǒ shēngrì, qǐng nǐ chīfàn, lái ba! Bù lái bái bù lái.
내 생일이라 내가 밥 살게. 와! 안 오면 너만 손해야.

06
好不容易有机会，试一下吧！不试白不试。
Hǎoburóngyi yǒu jīhuì, shì yíxià ba! Bú shì bái bú shì.
모처럼 기회가 생겼는데 한번 해 보세요! 안 해 보면 손해죠.

07
有人开车送我，我当然要坐，不坐白不坐。
Yǒu rén kāichē sòng wǒ, wǒ dāngrán yào zuò, bú zuò bái bú zuò.
태워다 주겠다는 사람이 있는데 당연히 타야지, 안 타면 손해지.

好不容易 hǎoburóngyi 튀 겨우,
　가까스로, 간신히, 모처럼
免费 miǎnfèi 통 무료로 하다

08
我们试试这件吧！试又不花钱，不试白不试。
Wǒmen shìshi zhè jiàn ba! Shì yòu bù huāqián, bú shì bái bú shì.
우리 이 옷 입어 보자! 입어 보는 데 돈도 안 드는데, 안 입어보면 손해지.

09
最近机票便宜，我们出去旅游吧！不去白不去。
Zuìjìn jīpiào piányi, wǒmen chūqù lǚyóu ba! Bú qù bái bú qù.
요즘 비행기표가 저렴하니 우리 여행 가요! 안 가면 손해잖아요.

10
这个电影是免费的，我们为什么不去看电影？不看白不看。
Zhège diànyǐng shì miǎnfèi de, wǒmen wèishénme bú qù kàn diànyǐng? Bú kàn bái bú kàn.
이 영화는 무료인데 우리 왜 영화를 보러 가지 않나요? 안 보면 손해인데.

PART

04

음성 듣기

061

拿…来说

~로 말하자면/ ~를 가지고 말한다면

영상 보기

'对…来说'가 사람의 관점에서 말한다면 '拿…来说'는 '拿'가 '~을 가지고'의 의미이므로 어떤 주제를 가지고, **그 주제에 관하여 말하는 것을 표현**하는 패턴이에요.

▶ **김쌤 & 강쌤의 티키타카** ◀

我很坦率，拿人格来说，我从来没在背后说过你坏话。
Wǒ hěn tǎnshuài, ná réngé láishuō, wǒ cónglái méi zài bèihòu shuōguo nǐ huàihuà.

我信，因为你都是当面说的。
Wǒ xìn, yīnwèi nǐ dōu shì dāngmiàn shuō de.

坦率 tǎnshuài 휑 솔직하다. 정직하다
人格 réngé 몡 인격. 인품
背后 bèihòu 몡 남몰래. 뒤에서
当面 dāngmiàn 퓀 마주보다. 직접 맞대다

강쌤　전 정말 솔직해요. 인격으로 말하자면, 지금까지 뒤에서 원장쌤을 험담해 본 적 없어요.
김쌤　믿어, 왜냐하면 넌 면전에다 대고 말하니까.

01 拿成绩来说，他绝对是第一。

Ná chéngjì láishuō, tā juéduì shì dì yī.

성적으로 말하자면, 그는 단연 으뜸이다.

02 拿性格来说，你们俩根本不配。

Ná xìnggé láishuō, nǐmen liǎ gēnběn bú pèi.

성격으로 말하자면, 너희 둘은 전혀 어울리지 않아.

配 pèi 통 어울리다
成本 chéngběn 명 원가
经济 jīngjì 형 적게 들다. 경제적이다
损失 sǔnshī 명·통 손실(하다). 손해(보다)
至少 zhìshǎo 부 최소한. 적어도
亿 yì 수 억

03 拿成本来说，第一种方法更经济。

Ná chéngběn láishuō, dì yī zhǒng fāngfǎ gèng jīngjì.

원가를 가지고 말한다면 첫 번째 방법이 더 경제적이다.

04 拿这件事来说，你没有做错什么。

Ná zhè jiàn shì láishuō, nǐ méiyǒu zuòcuò shénme.

이 일을 가지고 말하면, 너는 어떤 잘못도 없다.

05 拿损失来说，我们至少损失了2亿。

Ná sǔnshī láishuō, wǒmen zhìshǎo sǔnshī le liǎng yì.

손실로 말하자면, 우리는 최소 2억의 손실을 보았다.

06 拿能力来说，这两个人都很有能力。

Ná nénglì láishuō, zhè liǎng ge rén dōu hěn yǒu nénglì.

능력으로 말하자면, 이 두 사람은 모두 매우 능력이 있다.

07 拿手机来说，目前的发展速度太快了。

Ná shǒujī láishuō, mùqián de fāzhǎn sùdù tài kuài le.

휴대폰을 예로 들어 말하자면, 현재의 발전 속도가 너무 빠르다.

目前 mùqián 명 지금. 현재
举动 jǔdòng 명 거동. 행동
合成 héchéng 통 합성하다. 합쳐 ~가 되다
不同 bùtóng 형 같지 않다. 다르다

08 拿他的举动来说，他很可能有心理问题。

Ná tā de jǔdòng láishuō, tā hěn kěnéng yǒu xīnlǐ wèntí.

그의 행동을 가지고 말하자면, 그는 아마도 심리적인 문제가 있을 것이다.

09 拿这张照片来说，我一看就知道是合成的。

Ná zhè zhāng zhàopiàn láishuō, wǒ yí kàn jiù zhīdào shì héchéng de.

이 사진으로 말하자면, 나는 한눈에 합성임을 알 수 있다.

10 拿饮食来说，南北方人的饮食习惯有很大不同。

Ná yǐnshí láishuō, nánběifāng rén de yǐnshí xíguàn yǒu hěn dà bùtóng.

음식만 놓고 보면 남방과 북방 사람들의 식습관은 많이 다르다.

在A看来

A가 생각하기에는/ A가 보기에는

A에는 주로 사람이 들어가고, 뒷절에는 이 사람의 견해나 관점에 관한 내용이 와요. '**在＋사람＋看来, 견해/ 관점**'으로 외워두면 좋아요.

▶ **김쌤 & 강쌤의 티키타카** ◀

万一我胖了，你还喜欢我吗?
Wànyī wǒ pàng le, nǐ hái xǐhuan wǒ ma?

在**我**看来，你现在也不瘦啊!
Zài wǒ kànlái, nǐ xiànzài yě bú shòu a!

万一 *wànyī* 접 만일. 만약

강쌤   만약 내가 뚱뚱해져도 나 좋아할 거야?
남편   내가 보기에는, 너 지금도 마르지 않았어!

01
在别人看来，他们很幸福。
Zài biérén kànlái, tāmen hěn xìngfú.
다른 사람들이 보기에 그들은 매우 행복하다.

02
在骗子看来，老年人最好骗。
Zài piànzi kànlái, lǎoniánrén zuì hǎopiàn.
사기꾼이 생각하기에 노인들이 가장 잘 속는다.

骗子 piànzi 몡 사기꾼
图片 túpiàn 몡 사진·그림·탁본 등의 총칭
差别 chābié 몡 차이

03
在很多人看来，这件事没那么简单。
Zài hěn duō rén kànlái, zhè jiàn shì méi nàme jiǎndān.
많은 사람들이 보기에 이 일은 그리 간단하지 않아요.

04
在普通人看来，这两张图片没有差别。
Zài pǔtōngrén kànlái, zhè liǎng zhāng túpiàn méiyǒu chābié.
일반인이 보기에 이 두 사진은 차이가 없다.

05
在父母看来，孩子的身体健康最重要。
Zài fùmǔ kànlái, háizi de shēntǐ jiànkāng zuì zhòngyào.
부모가 보기에는 아이의 건강이 가장 중요하다.

06
在老师看来，每个学生都有自己的优点。
Zài lǎoshī kànlái, měi ge xuésheng dōu yǒu zìjǐ de yōudiǎn.
선생님이 보기에 모든 학생은 자신만의 장점이 있다.

07
在医生看来，他的病是没有办法治好的。
Zài yīshēng kànlái, tā de bìng shì méiyǒu bànfǎ zhìhǎo de.
의사가 보기에, 그의 병은 고질 방법이 없다.

优点 yōudiǎn 몡 장점, 우수한 점
治 zhì 동 치료하다, 고치다
消费者 xiāofèizhě 몡 소비자
购物 gòuwù 동 물건을 구입하다,
　　　　쇼핑하다
网站 wǎngzhàn 몡 웹 사이트
差不多 chàbuduō 혱 큰 차이가 없다,
　　　　거의 비슷하다

08
在我看来，这次的中文考试实在是太难了。
Zài wǒ kànlái, zhècì de Zhōngwén kǎoshì shízài shì tài nán le.
내가 보기에 이번 중국어 시험은 정말 너무 어려웠어요.

09
在消费者看来，现在的购物网站都差不多。
Zài xiāofèizhě kànlái, xiànzài de gòuwù wǎngzhàn dōu chàbuduō.
소비자가 보기에 지금의 쇼핑 사이트는 모두 비슷하다.

10
在大部分人看来，女人到了30岁就应该结婚、生孩子。
Zài dàbùfèn rén kànlái, nǚrén dào le sānshí suì jiù yīnggāi jiéhūn、shēng háizi.
대부분의 사람들이 생각하기에 여자는 30세가 되면 결혼하고 아이를 낳아야 한다.

063

영상 보기

从…来看

~의 관점에서 보면/ ~로 본다면

패턴 062 '在…看来'와 비슷한 뜻이나 '从…来看'은 **이미 알려진 것으로써 다른 것을 비추어 헤아려 보았을 때**라는 의미가 더해져 '~로 미루어 보아, ~로 본다면'이라는 뜻의 패턴이에요.

▶ ◀ **김쌤 & 강쌤의 티키타카** ◀ ◀

我最近想换个工作, 你觉得我适合做什么工作?
Wǒ zuìjìn xiǎng huàn ge gōngzuò, nǐ juéde wǒ shìhé zuò shénme gōngzuò?

从你的力气来看, 你可以去搬家公司工作。
Cóng nǐ de lìqi láikàn, nǐ kěyǐ qù bānjiā gōngsī gōngzuò.

适合 shìhé 통 적합하다. 알맞다
力气 lìqi 명 (육체적인) 힘. 체력

강쌤　요즘 직장을 옮길까 생각 중인데 저한테 어떤 일이 적합할까요?
김쌤　너의 힘으로 볼 때, 이삿짐센터에 가서 일해도 될 것 같아.

01 从实力来看，双方的差距不大。
Cóng shílì láikàn, shuāngfāng de chājù bú dà.
실력으로 볼 때 양측은 큰 차이가 없다.

02 从长期来看，这么做破坏环境。
Cóng chángqī láikàn, zhème zuò pòhuài huánjìng.
장기적으로 보면 이렇게 하면 환경이 파괴된다.

差距 chājù 명 차. 격차. 갭
破坏 pòhuài 통 파괴하다
行为 xíngwéi 명 행위
值得 zhíde 통 ~할 만한 가치가 있다
期待 qīdài 통 기대하다
成效 chéngxiào 명 효과

03 从道德来看，他的行为没问题。
Cóng dàodé láikàn, tā de xíngwéi méi wèntí.
도덕적으로 볼 때, 그의 행동은 문제가 없다.

04 从画面来看，这部电影值得期待。
Cóng huàmiàn láikàn, zhè bù diànyǐng zhíde qīdài.
화면으로 볼 때 이 영화는 기대할 만하다.

05 从成效来看，这种药比其他药更好。
Cóng chéngxiào láikàn, zhè zhǒng yào bǐ qítā yào gèng hǎo.
효과로 볼 때, 이 약은 다른 약보다 더 좋다.

06 从成本的角度来看，这么做不经济。
Cóng chéngběn de jiǎodù láikàn, zhème zuò bù jīngjì.
원가 측면에서 보면 이렇게 하는 것은 비경제적이다.

促进 cùjìn 통 촉진하다
举动 jǔdòng 명 거동. 행동
脸色 liǎnsè 명 안색. 얼굴빛
顺利 shùnlì 형 순조롭다
开幕式 kāimùshì 명 개막식
奥运会 Àoyùnhuì 명 '奥林匹克运动会
(올림픽대회)'의 준말
举办 jǔbàn 통 행하다. 거행하다. 개최하다

07 从短期来看，这么做能促进经济发展。
Cóng duǎnqī láikàn, zhème zuò néng cùjìn jīngjì fāzhǎn.
단기적으로 봤을 때, 이렇게 하면 경제 발전을 촉진할 수 있다.

08 从他的举动来看，他一定是个好爸爸。
Cóng tā de jǔdòng láikàn, tā yídìng shì ge hǎo bàba.
그의 행동을 보면 그는 틀림없이 좋은 아빠일 거야.

09 从他的脸色来看，这件事进行得不太顺利。
Cóng tā de liǎnsè láikàn, zhè jiàn shì jìnxíng de bú tài shùnlì.
그의 낯빛으로 보아 이 일은 진행이 그다지 순조롭지 못한 것 같다.

10 从开幕式来看，这次奥运会一定会举办得很成功。
Cóng kāimù shì láikàn, zhè cì Àoyùnhuì yídìng huì jǔbàn de hěn chénggōng.
개막식을 보면 이번 올림픽은 반드시 성공적으로 개최될 것이다.

064

영상 보기

对…来说

~에 대해 말하자면/ ~에게 있어/ ~한테는

말하는 사람의 관점이나 대상에 대해서 말할 때 사용해요. **사람이나 사물 모두** 들어갈 수 있어요.

▶◀ **김쌤 & 강쌤의 티키타카** ▶◀

 对我来说，老婆就是我的一切。没有她不行。
Duì wǒ láishuō, lǎopo jiù shì wǒ de yíqiè.　　Méiyǒu tā bù xíng.

 你这么爱你老婆？
Nǐ zhème ài nǐ lǎopo?

 因为我身上没有一分钱。
Yīnwèi wǒ shēn shang méiyǒu yì fēn qián.

一切 yíqiè 명 일체. 모든 것

남편　　내게 있어 와이프는 바로 나의 전부야. 와이프가 없으면 안 돼.
남자　　와이프를 그렇게나 사랑한다고?
남편　　왜냐면 나한텐 돈이 한 푼도 없으니까.

01
这本书对他来说太难了。
Zhè běn shū duì tā láishuō tài nán le.
이 책은 그에게는 너무 어렵다.

02
他对我来说就像爸爸一样。
Tā duì wǒ láishuō jiù xiàng bàba yíyàng.
그는 나에게 아버지와 같다.

03
年龄对我来说只是个数字。
Niánlíng duì wǒ láishuō zhǐ shì ge shùzì.
나이는 나에게 단지 숫자일 뿐이다.

年龄 niánlíng 명 연령, 나이
只是 zhǐshì 부 다만, 오직, 오로지
数字 shùzì 명 숫자

04
这次机会对我来说很重要。
Zhè cì jīhuì duì wǒ láishuō hěn zhòngyào.
이번 기회는 나에게 매우 중요하다.

05
这些钱对他来说只是小钱。
Zhèxiē qián duì tā láishuō zhǐ shì xiǎoqián.
이 돈은 그에게는 작은 돈일 뿐이다.

06
马云说钱对他来说没意义。
Mǎ Yún shuō qián duì tā láishuō méi yìyì.
마윈은 돈이 그에게는 무의미하다고 말했다.

07
对我来说，这是最好的礼物。
Duì wǒ láishuō, zhè shì zuìhǎo de lǐwù.
나에게는 이것이 최고의 선물이다.

08
对我来说，你就是个大麻烦。
Duì wǒ láishuō, nǐ jiù shì ge dàmáfan.
나에게 있어 너는 큰 골칫거리다.

马云 Mǎ Yún 인 마윈(알리바바 그룹의 창시자 겸 전회장)
没意义 méi yìyì 형 의미가 없다, 무의미하다
大麻烦 dàmáfan 명 골칫거리

09
对年轻人来说，什么是最重要的?
Duì niánqīngrén láishuō, shénme shì zuì zhòngyào de?
젊은이들에게 무엇이 가장 중요한가?

10
对他来说，最幸福的事就是和家人在　起。
Duì tā láishuō, zuì xìngfú de shì jiù shì hé jiārén zài yìqǐ.
그에게 있어 가장 행복한 일은 바로 가족과 함께 있는 것이다.

065

영상 보기

在…上

~에/ ~에서/ ~ 방면에 있어서

'**在**桌子**上**(책상 위에)', '**在**墙**上**(벽에)', '**在**车**上**(차에)' 등 이런 장소나 위치 외에 또 어떠한 범위나 방면을 나타낼 때 사용해요. '~에, ~에서, ~ 방면에 있어서' 등 문맥에 맞게 자연스럽게 해석하면 돼요.

▶ **김쌤 & 강쌤의 티키타카** ◀

你们俩平时谁做饭?
Nǐmen liǎ píngshí shéi zuòfàn?

我们俩在厨艺上不相上下，做的菜都很难吃，
Wǒmen liǎ zài chúyì shang bùxiāng shàngxià, zuò de cài dōu hěn nánchī,

所以经常点外卖!
suǒyǐ jīngcháng diǎn wàimài!

厨艺 chúyì 명 요리솜씨

不相上下 bùxiāng shàngxià 성 막상막하,
우열을 가릴 수 없다

点外卖 diǎn wàimài 배달음식을 시키다

김쌤   너희 두 사람은 평소에 누가 요리해?

강쌤   저희 둘은 요리 솜씨에 있어서는 서로 막상막하예요. 요리가 다 엄청 맛없거든요.
       그래서 항상 시켜 먹지요!

01 今年他在学习上有很大进步。
Jīnnián tā zài xuéxí shang yǒu hěn dà jìnbù.
올해 그는 공부에 있어서 많은 진보가 있었다.

02 他在工作上给了我很大的帮助。
Tā zài gōngzuò shang gěi le wǒ hěn dà de bāngzhù.
그는 일에 있어서 나에게 큰 도움을 주었다.

技术 jìshù 명 기술
不足 bùzú 명 단점. 부족
话题 huàtí 명 화제
交流 jiāoliú 동 의사소통하다

03 在技术上，他还是有很多不足。
Zài jìshù shang, tā háishi yǒu hěn duō bùzú.
기술적으로 그는 여전히 많이 부족하다.

04 你们俩在性格上真是完全一样。
Nǐmen liǎ zài xìnggé shang zhēnshi wánquán yíyàng.
너희 둘은 성격 면에서 정말 완전히 똑같아.

05 在这个话题上，我和你无法交流。
Zài zhège huàtí shang, wǒ hé nǐ wúfǎ jiāoliú.
이 화제에 있어서 난 너와 소통이 안 돼.

06 你这么做在公司的规定上是不可以的。
Nǐ zhème zuò zài gōngsī de guīdìng shang shì bù kěyǐ de.
네가 이렇게 하는 것은 회사의 규정상 안 되는 거야.

07 我们在经济上遇到的困难只是暂时的。
Wǒmen zài jīngjì shang yùdào de kùnnan zhǐshì zànshí de.
우리가 경제상에서 직면한 어려움은 단지 일시적일 뿐이다.

规定 guīdìng 명 규정. 규칙
暂时 zànshí 명 잠깐. 잠시. 일시
观点 guāndiǎn 명 관점. 입장
一致 yízhì 형 일치하다
相似 xiāngsì 동 닮다. 비슷하다

08 在孩子的教育问题上，他们的观点一致。
Zài háizi de jiàoyù wèntí shang, tāmen de guāndiǎn yízhì.
아이의 교육 문제에 있어서 그들의 관점은 일치한다.

09 在这件事情上，最好多听听父母的意见。
Zài zhè jiàn shìqing shang, zuìhǎo duō tīngting fùmǔ de yìjiàn.
이 일에 있어서는 부모님의 의견을 많이 듣는 것이 좋을 것 같아.

10 在文化上，韩中两国有很多相似的地方。
Zài wénhuà shang, Hán Zhōng liǎng guó yǒu hěn duō xiāngsì de dìfang.
문화적으로 한중 양국은 비슷한 점이 참 많다.

066

영상 보기

在…中

~ 중에

어떠한 **범위나 과정**을 나타낼 때 사용해요.

김쌤 & 강쌤의 티키타카

在这段工作时间中，你最大的收获是什么？
Zài zhè duàn gōngzuò shíjiān zhōng, nǐ zuì dà de shōuhuò shì shénme?

老板说什么都是对的，即使错了也是对的。
Lǎobǎn shuō shénme dōu shì duì de, jíshǐ cuò le yě shì duì de.

你很会混啊！
Nǐ hěn huì hùn a!

收获 shōuhuò 몡 수확. 성과. 소득

混 hùn 통 그럭저럭 살아가다. 되는대로 살아가다

김쌤　이 업무기간 중 가장 큰 수확은 뭐지?

강쌤　사장님의 말씀은 모두 옳고, 설사 틀려도 옳은 것입니다.

김쌤　사회생활 잘하네!

01 在手术中没发生什么吧？

手术 shǒushù 명 수술

Zài shǒushù zhōng méi fāshēng shénme ba?

수술 중에 무슨 일 없었죠?

02 我在这部电影中演了一个老师。

Wǒ zài zhè bù diànyǐng zhōng yǎn le yí ge lǎoshī.

나는 이 영화에서 선생님 역을 맡았다.

03 在日常生活中，我们都会遇到困难。

Zài rìcháng shēnghuó zhōng, wǒmen dōu huì yùdào kùnnan.

살면서 우리는 모두 어려움을 겪을 수 있다.

04 在这些前男友中，我最爱的就是你。

Zài zhèxiē qián nányou zhōng, wǒ zuì ài de jiù shì nǐ.

전 남친들 중에서 내가 가장 사랑한 사람은 바로 너야.

05 在调查的过程中，他发现了很多问题。

Zài diàochá de guòchéng zhōng, tā fāxiàn le hěn duō wèntí.

조사하는 과정에서 그는 많은 문제를 발견하였다.

06 在讨论的过程中，他一直坚持自己的意见。

Zài tǎolùn de guòchéng zhōng, tā yìzhí jiānchí zìjǐ de yìjiàn.

토론하는 과정에서 그는 줄곧 자신의 의견을 고수했다.

07 在这次活动中，我得到了很多宝贵的经验。

Zài zhè cì huódòng zhōng, wǒ dédào le hěn duō bǎoguì de jīngyàn.

이번 활동에서 나는 귀중한 경험을 많이 얻었다.

讨论 tǎolùn 동 토론하다
坚持 jiānchí 동 끝까지 버티다. 고수하다
宝贵 bǎoguì 형 귀중하다
感受 gǎnshòu 동 느끼다
作者 zuòzhě 명 작자. 필자
心情 xīnqíng 명 심정. 마음. 기분

08 在这句话中，我们可以感受到作者的心情。

Zài zhè jù huà zhōng, wǒmen kěyǐ gǎnshòudao zuòzhě de xīnqíng.

이 말에서 우리는 작가의 심정을 느낄 수 있다.

09 在这篇课文中，我们一共学了三十个生词。

Zài zhè piān kèwén zhōng, wǒmen yígòng xué le sānshí ge shēngcí.

이 본문에서 우리는 모두 30개의 새 단어를 배웠다.

10 每个人在成长的过程中都会遇到很多困难。

Měi ge rén zài chéngzhǎng de guòchéng zhōng dōu huì yùdào hěn duō kùnnan.

모든 사람은 성장하면서 모두 많은 어려움을 겪게 된다.

067

영상 보기

在…下

~ 하에/ ~ 아래에

'**在**树**下**(나무 밑에)'와 같은 이런 장소나 위치 외에 또 다른 파생된 뜻을 나타내기도 하며 주로 **어떠한 조건을 나타낼 때** 사용해요. '帮助', '教育', '支持', '鼓励', '情况', '影响', '努力', '条件' 등과 절친이에요.

▶ ◀ **김쌤 & 강쌤의 티키타카** ▶ ◀

结婚对你们有什么影响?
Jiéhūn duì nǐmen yǒu shénme yǐngxiǎng?

影响很大!
Yǐngxiǎng hěn dà!

结婚以后，我在他的影响下，越来越馋了。
Jiéhūn yǐhòu, wǒ zài tā de yǐngxiǎng xià, yuèláiyuè chán le.

他在我的影响下，越来越懒了。
Tā zài wǒ de yǐngxiǎng xià, yuèláiyuè lǎn le.

影响 yǐngxiǎng 몡 영향
馋 chán 혱 걸신들리다. 식욕이 많다
懒 lǎn 혱 게으르다. 나태하다

김쌤　결혼이 너희에게 어떤 영향을 미쳤니?
강쌤　영향이 크지요.
　　　결혼 후 저는 남편의 영향 하에 점점 식욕이 좋아졌고, 남편은 저의 영향 하에 점점 더 게을러졌어요.

01

在这种情况下，我应该怎么处理？

Zài zhè zhǒng qíngkuàng xià, wǒ yīnggāi zěnme chǔlǐ?

이런 상황에서 저는 어떻게 처리해야 합니까?

02

在他的影响下，我喜欢上了中文。

Zài tā de yǐngxiǎng xià, wǒ xǐhuan shàng le Zhōngwén.

그의 영향 하에 나는 중국어를 좋아하게 되었다.

鼓励 gǔlì 통 격려하다
重新 chóngxīn 부 다시, 거듭, 재차
滑冰 huábīng 명 스케이팅
恢复 huīfù 통 회복하다

03

在大家的鼓励下，他重新站起来了。

Zài dàjiā de gǔlì xià, tā chóngxīn zhànqǐlái le.

모두의 격려 아래 그는 다시 일어섰다.

04

在父母的影响下，他也喜欢上滑冰了。

Zài fùmǔ de yǐngxiǎng xià, tā yě xǐhuan shàng huábīng le.

부모님의 영향 하에 그도 스케이트를 좋아하게 되었다.

05

奶奶的身体在大家的照顾下恢复得很快。

Nǎinai de shēntǐ zài dàjiā de zhàogù xià huīfù de hěn kuài.

할머니의 건강은 모두의 보살핌 하에 빠르게 회복되었다.

06

在大家的帮助下，这次会议进行得很顺利。

Zài dàjiā de bāngzhù xià, zhè cì huìyì jìnxíng de hěn shùnlì.

모두의 도움 하에 이번 회의는 매우 순조롭게 진행되었다.

07

在老师的教育下，他终于承认了自己的错误。

Zài lǎoshī de jiàoyù xià, tā zhōngyú chéngrèn le zìjǐ de cuòwù.

선생님의 교육 하에, 그는 마침내 자신의 잘못을 시인했다.

承认 chéngrèn 통 시인하다
状态 zhuàngtài 명 상태
事故 shìgù 명 사고
支持 zhīchí 통 지지하다
迅速 xùnsù 형 신속하다, 재빠르다

08

希望在大家的努力下，我们的公司会越来越好。

Xīwàng zài dàjiā de nǔlì xià, wǒmen de gōngsī huì yuèláiyuè hǎo.

여러분들의 노력 하에 우리 회사가 점점 더 좋아질 수 있기를 바랍니다.

09

在这样差的状态下，你不能开车，会出事故的。

Zài zhèyàng chà de zhuàngtài xià, nǐ bùnéng kāichē, huì chū shìgù de.

이렇게 나쁜 상태에서 너는 운전을 해서는 안 돼. 사고 날 거야.

10

在政府的支持下，这个地区的经济发展得十分迅速。

Zài zhèngfǔ de zhīchí xià, zhège dìqū de jīngjì fāzhǎn de shífēn xùnsù.

정부의 지원 하에 이 지역의 경제는 매우 신속하게 발전하였다.

068

영상 보기

在…方面

~ 방면에서

어떤 **방향, 방면** 또는 **분야, 영역**을 가리켜 말할 때 쓰는 패턴이에요.

▶ **김쌤 & 강쌤의 티키타카** ◀

在电脑方面，我没有经验。
Zài diànnǎo fāngmiàn, wǒ méiyǒu jīngyàn.

我觉得你在哪个方面都没有经验。
Wǒ juéde nǐ zài nǎge fāngmiàn dōu méiyǒu jīngyàn.

谁说的？我在吃的方面很有经验。
Shéi shuō de? Wǒ zài chī de fāngmiàn hěn yǒu jīngyàn.

经验 jīngyàn 명 경험

강쌤　　컴퓨터 방면에 저는 경험이 없어요.
김쌤　　너는 어느 방면에서도 경험이 없는 것 같은데.
강쌤　　누가 그래요? 먹는 방면에 있어서는 경험이 많은데.

01
在投资方面，他很有眼光。
Zài tóuzī fāngmiàn, tā hěn yǒu yǎnguāng.
투자 방면에 있어서 그는 안목이 있다.

02
在这方面，我没什么经验。
Zài zhè fāngmiàn, wǒ méi shénme jīngyàn.
이 방면에 있어서 나는 별로 경험이 없다.

投资 tóuzī 명 투자
眼光 yǎnguāng 명 안목
历史 lìshǐ 명 역사
翻译 fānyì 명 번역

03
在历史方面，他知道的很多。
Zài lìshǐ fāngmiàn, tā zhīdào de hěn duō.
역사 방면에 있어서 그는 아는 것이 많다.

04
在翻译方面，他没什么实力。
Zài fānyì fāngmiàn, tā méi shénme shílì.
번역에 있어서 그는 실력이 별로 없다.

05
在工资方面，你有什么要求吗?
Zài gōngzī fāngmiàn, nǐ yǒu shénme yāoqiú ma?
월급에 있어서 당신은 어떤 요구사항이 있습니까?

06
在这一方面，他值得我们学习。
Zài zhè yì fāngmiàn, tā zhíde wǒmen xuéxí.
이 방면에서 그는 우리가 배울 만하다.

07
在外交方面，我国做了哪些努力?
Zài wàijiāo fāngmiàn, wǒ guó zuò le nǎxiē nǔlì?
외교적으로 우리나라는 어떤 노력을 했는가?

值得 zhíde 동 ~할 만한 가치가 있다
外交 wàijiāo 명 외교
取得 qǔdé 동 취득하다. 얻다
成就 chéngjiù 명 성취. 성과
人际交往 rénjì jiāowǎng 명 인간관계
管理 guǎnlǐ 명 관리

08
在这方面，他取得了很大的成就。
Zài zhè fāngmiàn, tā qǔdé le hěn dà de chéngjiù.
이 방면에서 그는 매우 큰 성과를 거두었다.

09
在人际交往方面，他什么都不懂。
Zài rénjì jiāowǎng fāngmiàn, tā shénme dōu bùdǒng.
인간관계 방면에서 그는 아무것도 모른다.

10
在管理方面，我还是有很多需要学习的地方。
Zài guǎnlǐ fāngmiàn, wǒ háishi yǒu hěn duō xūyào xuéxí de dìfang.
관리 방면에 있어서 나는 아직도 배워야 할 것이 많다.

069

영상 보기

到A为止

A까지

A에 주로 시간이나 어떤 지점이 와서 **시간의 한계를 설정할 때** 주로 쓰여요. 평소 자주 쓰이는 고정적인 표현을 익혀 두는 것이 훨씬 효과적이에요.

▶ **김쌤 & 강쌤의 티키타카** ◀

我肚子疼，是不是你给我喝的牛奶有问题?
Wǒ dùzi téng, shìbushì nǐ gěi wǒ hē de niúnǎi yǒu wèntí?

保质期到昨天为止，扔了有点儿可惜，就给你喝了。
Bǎozhìqī dào zuótiān wéizhǐ, rēng le yǒudiǎnr kěxī, jiù gěi nǐ hē le.

保质期 bǎozhìqī 명 품질보증기간. 유효기간
扔 rēng 동 내버리다. 포기하다
可惜 kěxī 형 섭섭하다. 아쉽다. 아깝다

남편　배 아파. 나한테 준 우유에 문제 있는 거 아니야?

강쌤　유통기한이 어제까지인데 버리기 좀 아까워서 마시라고 줬지.

01

咱们俩到此为止吧！

Zánmen liǎ dào cǐ wéizhǐ ba!

우리 두 사람 여기서 끝내자!

02

保质期到明天为止。

Bǎozhìqī dào míngtiān wéizhǐ.

유통기한은 내일까지예요.

03

我的报告到此为止，谢谢！

Wǒ de bàogào dào cǐ wéizhǐ, xièxie!

제 보고는 여기까지입니다. 감사합니다!

报告 bàogào 명 보고
原谅 yuánliàng 동 양해하다. 용서하다

04

我到死为止都不会原谅你。

Wǒ dào sǐ wéizhǐ dōu búhuì yuánliàng nǐ.

죽을 때까지 널 용서하지 않을 거야.

05

他到30岁为止还没谈过恋爱。

Tā dào sānshí suì wéizhǐ hái méi tánguo liàn'ài.

그는 서른 살이 될 때까지 연애를 해 본 적이 없다.

06

到成功为止，你千万不能放弃。

Dào chénggōng wéizhǐ, nǐ qiānwàn bùnéng fàngqì.

성공할 때까지 너는 절대 포기해서는 안 돼.

07

到下班为止，他一口水都没喝过。

Dào xiàbān wéizhǐ, tā yì kǒu shuǐ dōu méi hēguo.

퇴근할 때까지 그는 물 한 모금도 마시지 않았다.

08

到今年为止，我一共存了30万块。

Dào jīnnián wéizhǐ, wǒ yígòng cún le sānshí wàn kuài.

올해까지 나는 30만 위안을 저축했다.

放弃 fàngqì 동 버리다. 포기하다
存 cún 동 모으다. 저축하다
项目 xiàngmù 명 프로젝트

09

你到现在为止还忘不了那件事吗?

Nǐ dào xiànzài wéizhǐ hái wàngbuliǎo nà jiàn shì ma?

너는 지금까지도 그 일을 잊지 못하니?

10

到昨天为止，这个项目已经完成了一半。

Dào zuótiān wéizhǐ, zhège xiàngmù yǐjīng wánchéng le yíbàn.

어제까지 이 프로젝트는 이미 반을 끝냈다.

070

영상 보기

A由B组成

A는 B로 이루어져 있다(구성되어 있다)

개사 '由 yóu'는 '~으로, ~으로부터, ~에서, ~에 의해'의 뜻으로 근거나 구성 요소를 나타내요. 뒤에 동사 '组成 zǔchéng'이 와서 '~으로 이루어져 있다, 구성되어 있다'의 뜻을 나타내는 패턴이 돼요.

▶ **김쌤 & 강쌤의 티키타카** ◀

我的生活由三部分组成，工作、运动和休息。
Wǒ de shēnghuó yóu sān bùfen zǔchéng, gōngzuò, yùndòng hé xiūxi.

你的呢？
Nǐ de ne?

你不是知道吗？我的生活由吃饭和睡觉组成。
Nǐ búshì zhīdào ma? Wǒ de shēnghuó yóu chīfàn hé shuìjiào zǔchéng.

组成 zǔchéng 통 구성하다

김쌤　　나의 생활은 세 부분으로 구성되어 있지. 일, 운동 그리고 휴식.
　　　　강쌤은?
강쌤　　아시지 않아요? 제 생활은 식사와 잠으로 이루어져 있잖아요.

01
这个团体由女性组成。
Zhège tuántǐ yóu nǚxìng zǔchéng.
이 단체는 여성으로 구성돼 있다.

02
我们部门由年轻人组成。
Wǒmen bùmén yóu niánqīngrén zǔchéng.
우리 부서는 젊은 사람들로 구성되어 있다.

团体 tuántǐ 명 단체
部门 bùmén 명 부서. 부문
文章 wénzhāng 명 문장
彩虹 cǎihóng 명 무지개
组合 zǔhé 명 그룹
花美男 huāměinán 명 꽃미남

03
这篇文章由三个部分组成。
Zhè piān wénzhāng yóu sān ge bùfen zǔchéng.
이 문장은 세 부분으로 이루어져 있다.

04
彩虹是由七种颜色组成的。
Cǎihóng shì yóu qī zhǒng yánsè zǔchéng de.
무지개는 일곱 가지 색깔로 이루어져 있다.

05
这个组合由四个花美男组成。
Zhège zǔhé yóu sì ge huāměinán zǔchéng.
이 그룹은 네 명의 꽃미남으로 이루어져 있다.

06
这个队是由十三个人组成的。
Zhège duì shì yóu shísān ge rén zǔchéng de.
이 팀은 13명으로 구성된 것이다.

07
这所大学是由三个学院组成的。
Zhè suǒ dàxué shì yóu sān ge xuéyuàn zǔchéng de.
이 대학은 세 개의 단과대학으로 이루어져 있다.

学院 xuéyuàn 명 (단과)대학
中华民族 Zhōnghuá Mínzú 명 중화민족.
중국 민족
医疗队 yīliáoduì 명 의료팀

08
中华民族是由五十六个民族组成的。
Zhōnghuá Mínzú shì yóu wǔshíliù ge mínzú zǔchéng de.
중화민족은 56개 민족으로 이루어져 있다.

09
医疗队由五位医生和两名护士组成。
Yīliáoduì yóu wǔ wèi yīshēng hé liǎng míng hùshi zǔchéng.
의료진은 의사 5명과 간호사 2명으로 구성됐다.

10
我们班由两位老师和二十个学生组成。
Wǒmen bān yóu liǎng wèi lǎoshī hé èrshí ge xuésheng zǔchéng.
우리 반은 선생님 두 분과 학생 스무 명으로 구성되어 있다.

071

영상 보기

A比B+비교 내용+(얼만큼)

A가 B보다 (얼만큼) ~하다

'얼만큼'에 해당하는 단어 '一点儿', '一些', '得多', '多了', '一倍' 등이 비교 내용의 뒤에 위치해 비교 내용을 더욱 명확하게 해 주는 것에 주의하세요.

▶ **김쌤 & 강쌤의 티키타카** ◀

你比我吃得多。
Nǐ bǐ wǒ chī de duō.

我吃了五个鸡腿，你吃了四个鸡腿，
Wǒ chī le wǔ ge jītuǐ, nǐ chī le sì ge jītuǐ,

差很多吗?
chà hěn duō ma?

鸡腿 jītuǐ 명 닭 다리
差 chà 형 차이가 나다

김쌤 네가 나보다 많이 먹었어.

강쌤 제가 닭다리 다섯 개 먹었고, 쌤은 닭다리 네 개 먹었는데,
차이가 많이 나나요?

01
我比你小。
Wǒ bǐ nǐ xiǎo.
내가 너보다 어려.

02
我比你大两岁。
Wǒ bǐ nǐ dà liǎng suì.
내가 너보다 두 살 많아.

03
我比你高3厘米。
Wǒ bǐ nǐ gāo sān lǐmǐ.
내가 너보다 3센티미터 커.

厘米 lǐmǐ 명 센티미터
粗 cū 형 굵다

04
你的腿比我的粗。
Nǐ de tuǐ bǐ wǒ de cū.
네 다리는 나보다 굵어.

05
我男友比你男友帅。
Wǒ nányou bǐ nǐ nányou shuài.
내 남자친구가 네 남자친구보다 잘생겼어.

06
我比你漂亮一百倍。
Wǒ bǐ nǐ piàoliang yìbǎi bèi.
내가 너보다 백 배는 더 예뻐.

07
你比以前胖了不少。
Nǐ bǐ yǐqián pàng le bùshǎo.
너 이전보다 살이 많이 쪘네.

08
我的汉语比你说得好。
Wǒ de Hànyǔ bǐ nǐ shuō de hǎo.
내가 너보다 중국어를 잘해.

倍 bèi 양 배
看起来 kànqǐlái 보아하니, 보기에

09
今天比昨天冷一点儿。
Jīntiān bǐ zuótiān lěng yìdiǎnr.
오늘은 어제보다 좀 추워.

10
看起来我比你小 点儿。
Kànqǐlái wǒ bǐ nǐ xiǎo yìdiǎnr.
내가 너보다 좀 어려 보여.

072

A比B+多/少/早/晚+동사+수량구

A가 B보다 (얼만큼) 더/덜/일찍/늦게 ~했다

영상 보기

'比 비교문'을 입에 익숙해지도록 연습해 보세요. 수량구 자리에는 수사와 양사 등을 활용한 다양한 문구가 올 수 있어요.

▶ **김쌤 & 강쌤의 티키타카** ◀

我是不是生病了?
Wǒ shìbushì shēngbìng le?

饭量小了，我比昨天少吃了一个包子。
Fànliàng xiǎo le, wǒ bǐ zuótiān shǎo chī le yí ge bāozi.

绝对不会生病，你已经吃了五个包子了。
Juéduì búhuì shēngbìng, nǐ yǐjīng chī le wǔ ge bāozi le.

饭量 fànliàng 몡 식사량
绝对 juéduì 뷔 절대로

강쌤　　저 병난 거 아니에요?
　　　　어제보다 찐빵을 하나 덜 먹었어요.
김쌤　　절대 병 났을리 없어. 이미 찐빵 다섯 개 먹었어.

01
我比他多等了半天。
Wǒ bǐ tā duō děng le bàntiān.
나는 그보다 한참을 더 기다렸다.

02
他比我早到五分钟。
Tā bǐ wǒ zǎo dào wǔ fēnzhōng.
그는 나보다 5분 일찍 도착했다.

半天 bàntiān 명 한나절. 한참 동안
啤酒 píjiǔ 명 맥주

03
我比他多吃了一碗饭。
Wǒ bǐ tā duo chī le yì wǎn fàn.
나는 그보다 밥 한 공기를 더 먹었다.

04
他比我少休息了一天。
Tā bǐ wǒ shǎo xiūxi le yìtiān.
그는 나보다 하루를 덜 쉬었다.

05
他比我少喝了两杯啤酒。
Tā bǐ wǒ shǎo hē le liǎng bēi píjiǔ.
그는 나보다 맥주를 두 잔 덜 마셨다.

06
我比姐姐早回来十分钟。
Wǒ bǐ jiějie zǎo huílái shí fēnzhōng.
내가 언니보다 10분 일찍 왔어요.

07
我比昨天多穿了一件衣服。
Wǒ bǐ zuótiān duō chuān le yí jiàn yīfu.
난 어제보다 옷을 한 벌 더 껴입었어.

水费 shuǐfèi 명 수도 요금
交 jiāo 동 건네다. 내다

08
哥哥比昨天晚睡半个小时。
Gēge bǐ zuótiān wǎn shuì bàn ge xiǎoshí.
형은 어제보다 30분 늦게 잤다.

09
今天比昨天多卖了2000块钱。
Jīntiān bǐ zuótiān duō mài le liǎngqiān kuài qián.
오늘은 어제보다 2,000위안을 더 팔았다.

10
这个月的水费比上个月少交了30块钱。
Zhège yuè de shuǐfèi bǐ shàngge yuè shǎo jiāo le sānshí kuài qián.
이번 달 수도 요금은 지난달보다 30위안 덜 냈다.

073

영상 보기

A 没有 B (那么)···

A는 B만큼 (그렇게) ~하지 못해

'有'를 사용하는 비교문도 자주 쓰이는데, 이때 **'有'는 '어떤 표준에 도달하다'**의 의미를 가지고 있어서 우리말로는 'A는 B만큼 ~하다'로 해석돼요. 부정형은 '没有'를 써서 'A는 B만큼 (그렇게) ~하지 못하다', 'A는 B보다 (그렇게) ~하지 않다'의 해석이 가능해요. '那么' 대신 '这么'도 쓸 수 있어요.

▶ **김쌤 & 강쌤의 티키타카** ◀

我的饭量没有你大。
Wǒ de fànliàng méiyǒu nǐ dà.

你太谦虚了。 两碗米饭也不少吧!
Nǐ tài qiānxū le.　Liǎng wǎn mǐfàn yě bùshǎo ba!

谦虚 qiānxū 형 겸손하다

김쌤 　　 나는 너만큼 식사량이 많지 않잖아.
강쌤 　　 너무 겸손하시군요. 밥 두 그릇도 적지는 않은데요!

01
我没有你花心。
Wǒ méiyǒu nǐ huāxīn.
나는 너만큼 바람기가 많지 않아.

02
我没有你能吃。
Wǒ méiyǒu nǐ néng chī.
나는 너만큼 잘 먹지 못해.

花心 huāxīn 휑 바람기가 있다
乌龟 wūguī 명 거북
臭 chòu 휑 구리다

03
乌龟没有兔子快。
Wūguī méiyǒu tùzi kuài.
거북이는 토끼만큼 빠르지 않아.

04
我的脚没有你的臭。
Wǒ de jiǎo méiyǒu nǐ de chòu.
내 발은 너의 발만큼 냄새 나지 않아.

05
我的腿没有你的腿粗。
Wǒ de tuǐ méiyǒu nǐ de tuǐ cū.
내 다리는 너의 다리보다 굵지 않아.

06
我的脸皮没有你的厚。
Wǒ de liǎnpí méiyǒu nǐ de hòu.
내 낯짝은 너만큼 두껍지 않아.

脸皮 liǎnpí 명 낯짝
厚 hòu 휑 두껍다
有钱 yǒu qián 돈이 (많이) 있다. 부유하다

07
这台电脑没有那台贵。
Zhè tái diànnǎo méiyǒu nà tái guì.
이 컴퓨터는 저 컴퓨터만큼 비싸지 않아.

08
我吃得没有你那么快。
Wǒ chī de méiyǒu nǐ nàme kuài.
나는 너만큼 그렇게 빨리 못 먹어.

09
我唱得没有你这么好听。
Wǒ chàng de méiyǒu nǐ zhème hǎotīng.
나는 너만큼 이렇게 노래를 잘 부르지 못해.

10
你没有我年轻、漂亮、有钱。
Nǐ méiyǒu wǒ niánqīng、piàoliang、yǒuqián.
너는 나만큼 젊고 예쁘고 돈이 많지 않잖아.

074

영상 보기

A和B一样…

A는 B와 똑같이 ~하다/ A는 B처럼 ~하다

동등비교 표현이에요. 'A和B一样'에서 말을 끝낼 수도 있으며, 뒤에 비교의 구체적 내용이 올 수도 있어요. '和'는 같은 뜻을 가진 '跟'이나 '与'로 대체가 가능해요.

▶ **김쌤 & 강쌤의 티키타카** ◀

我希望生个女儿，像你。
Wǒ xīwàng shēng ge nǚ'ér, xiàng nǐ.

你希望她和我一样漂亮？
Nǐ xīwàng tā hé wǒ yíyàng piàoliang?

不是，我不希望她和我一样黑。
Búshì, wǒ bù xīwàng tā hé wǒ yíyàng hēi.

남편   나는 널 닮은 딸을 낳으면 좋겠어.
강쌤   아이가 나처럼 예뻤으면 좋겠어?
남편   아니, 아이가 나처럼 (피부가) 검지 않았으면 좋겠어.

01 你和我一样。
Nǐ hé wǒ yíyàng.
너는 나랑 똑같아.

02 你和我一样胖。
Nǐ hé wǒ yíyàng pàng.
너는 나처럼 뚱뚱해.

03 你和以前一样。
Nǐ hé yǐqián yíyàng.
너는 예전과 똑같네.

04 今天和昨天一样冷。
Jīntiān hé zuótiān yíyàng lěng.
오늘은 어제랑 똑같이 추워.

05 你和以前一样小气。
Nǐ hé yǐqián yíyàng xiǎoqi.
너는 전과 똑같이 인색해.

小气 xiǎoqi 형 인색하다. 쩨쩨하다

06 你的脸和西瓜一样大。
Nǐ de liǎn hé xīguā yíyàng dà.
네 얼굴이 수박처럼 커.

西瓜 xīguā 명 수박

07 你长得和我奶奶一样。
Nǐ zhǎng de hé wǒ nǎinai yíyàng.
너 우리 할머니와 똑같이 생겼어.

08 你的腿和兔子一样短。
Nǐ de tuǐ hé tùzi yíyàng duǎn.
너의 다리는 토끼처럼 짧아.

09 我也和你一样喜欢钱。
Wǒ yě hé nǐ yíyàng xǐhuan qián.
나도 너처럼 돈 좋아해.

10 我有一个和你名字一样的朋友。
Wǒ yǒu yí ge hé nǐ míngzi yíyàng de péngyou.
당신과 이름이 같은 친구가 있어요.

A不如B…

A는 B만 ~하지 못해

'A不如B'에서 말을 끝낼 수도 있으며 이런 경우 **B가 더 좋다는 뜻**이에요. 말의 핵심이 B에 있다는 것에 주의하고, 'B가 ~하구나'로 빨리 반응하면 성공!

▶ 김쌤 & 강쌤의 티키타카 ◀

你什么都不如我，身材、外貌等等。
Nǐ shénme dōu bùrú wǒ, shēncái、wàimào děngděng.

谁说的? 我有一样儿比你好。
Shéi shuō de? Wǒ yǒu yíyàngr bǐ nǐ hǎo.

什么?
Shénme?

我吃得比你多!
Wǒ chī de bǐ nǐ duō!

> **身材** shēncái 몡 체격. 몸집. 몸매
> **外貌** wàimào 몡 외모
> **一样儿** yíyàngr 한 종류. 한 가지

김쌤 너는 뭐든지 나만 못해. 몸매, 외모 등등~
강쌤 누가 그래요? 저도 한 가지는 쌤보다 나은 점이 있어요.
김쌤 뭔데?
강쌤 제가 쌤보다 많이 먹잖아요!

01 你不如我年轻。
Nǐ bùrú wǒ niánqīng.
너는 나보다 젊지 않아.

02 话多不如话少。
Huà duō bùrú huà shǎo.
말이 많은 것보다 적은 것이 낫다.

03 今天不如昨天热。
Jīntiān bùrú zuótiān rè.
오늘이 어제보다 덥진 않아요.

04 这里不如家舒服。
Zhèlǐ bùrú jiā shūfu.
여기는 집만큼 편하지 못하다.

舒服 shūfu 형 (육체나 정신이) 편안하다. 안락하다

05 他的眼睛不如我好。
Tā de yǎnjing bùrú wǒ hǎo.
그의 눈은 나보다 좋지 않다.

06 他的篮球不如我打得好。
Tā de lánqiú bùrú wǒ dǎ de hǎo.
그의 농구는 나보다 못하다.

07 我的中文成绩不如班长。
Wǒ de Zhōngwén chéngjì bùrú bānzhǎng.
내 중국어 성적은 반장만 못해.

08 你做的菜不如买的好吃。
Nǐ zuò de cài bùrú mǎi de hǎochī.
네가 만든 요리가 산 것보다 맛이 없어.

班长 bānzhǎng 명 반장
收入 shōurù 명 수입. 소득

09 这个月的收入不如上个月。
Zhège yuè de shōurù bùrú shàngge yuè.
이번 달의 수입은 지난달보다 못해.

10 他学习不如以前那么努力。
Tā xuéxí bùrú yǐqián nàme nǔlì.
그는 예전만큼 그렇게 열심히 공부하지 않는다.

A 不如以前了

A가 예전만 못해

'A 不如 B'에서 B의 자리에 '以前'이 온 표현으로 '~가 예전만 못하네', '예전이 좋았는데'의 뜻이에요.

◀ **김쌤 & 강쌤의 티키타카** ▶

现在我的人气不如以前了。
Xiànzài wǒ de rénqì bùrú yǐqián le.

瞎说！你现在的人气和以前一样，哪儿有人认识你！
Xiāshuō! Nǐ xiànzài de rénqì hé yǐqián yíyàng, nǎr yǒu rén rènshi nǐ!

人气 rénqì 명 인기
瞎说 xiāshuō 동 마구 지껄이다. 허튼 소리를 하다

강쌤   지금 내 인기가 예전 같지 않네요.
김쌤   허튼 소리! 지금 네 인기는 예전과 똑같아. 너를 아는 사람이 어디 있기나 해?

01 他的身材不如以前了。
Tā de shēncái bùrú yǐqián le.
그의 몸매는 예전만 못해.

02 我的收入不如以前了。
Wǒ de shōurù bùrú yǐqián le.
내 수입이 예전만 못해요.

身材 shēncái 명 체격. 몸집. 몸매
记性 jìxing 명 기억(력)

03 他的人气不如以前了。
Tā de rénqì bùrú yǐqián le.
그의 인기가 예전만 못해요.

04 现在的经济不如以前了。
Xiànzài de jīngjì bùrú yǐqián le.
지금의 경제는 예전만 못하다.

05 奶奶的记性不如以前了。
Nǎinai de jìxing bùrú yǐqián le.
할머니의 기억력이 예전 같지 않다.

06 我和他的关系不如以前了。
Wǒ hé tā de guānxi bùrú yǐqián le.
나와 그의 관계는 예전만 못해.

07 现在我的体力不如以前了。
Xiànzài wǒ de tǐlì bùrú yǐqián le.
요즘 내 체력이 예전만 못해.

体力 tǐlì 명 체력. 힘

08 这家饭店的味道不如以前了。
Zhè jiā fàndiàn de wèidao bùrú yǐqián le.
이 식당의 맛이 예전 같지 않아.

09 老师说我的学习成绩不如以前了。
Lǎoshī shuō wǒ de xuéxí chéngjì bùrú yǐqián le.
선생님은 나의 학업 성적이 예전 같지 않다고 말씀하셨다.

10 因为生病了，他的饭量不如以前了。
Yīnwèi shēngbìng le, tā de fànliàng bùrú yǐqián le.
아파서 그의 식사량은 예전만 못하다.

与其 A，不如 B

A하느니 (차라리) B하는 것이 낫다

둘 중 하나를 굳이 선택하라고 한다면 뒤에 있는 **B를 선택하겠다는** 뜻으로, '与其'가 없어도 의미는 비슷하지만 이때는 쉼표를 넣지 않아요.

▶ **김쌤 & 강쌤의 티키타카** ◀

与其吃外卖，不如自己做饭，这样更健康。
Yǔqí chī wàimài, bùrú zìjǐ zuòfàn, zhèyàng gèng jiànkāng.

说得对！你做吧！
Shuō de duì! Nǐ zuò ba!

那还是点外卖吧！
Nà háishi diǎn wàimài ba!

与其 yǔqí 졉 ~하기 보다는. ~하느니
外卖 wàimài 몡 포장 판매 음식. 배달 음식

남편　　배달음식을 먹느니 직접 밥을 해 먹는 게 낫지. 이래야 더 건강해.
강쌤　　맞는 말이야! 당신이 해!
남편　　그럼 그냥 시켜 먹자!

01 与其逃避问题，不如勇敢面对。
Yǔqí táobì wèntí, bùrú yǒnggǎn miànduì.
문제를 회피하기보다 용감하게 임하는 것이 낫다.

02 与其犹豫不决，不如直接开始做！
Yǔqí yóuyù bùjué, bùrú zhíjiē kāishǐ zuò!
망설이기보다는 그냥 시작하세요!

逃避 táobì 동 도피하다
犹豫不决 yóuyù bùjué 성 우유부단하다
单身 dānshēn 명 독신
一辈子 yíbèizi 명 한평생, 일생
爬山 páshān 명동 등산(하다)
发火 fāhuǒ 동 발끈 화를 내다
抱怨 bàoyuàn 동 원망하다, 불평하다

03 与其跟你结婚，不如单身一辈子。
Yǔqí gēn nǐ jiéhūn, bùrú dānshēn yíbèizi.
너와 결혼하느니 차라리 평생 독신으로 사는 것이 나아.

04 与其去爬山，还不如在家看电视。
Yǔqí qù páshān, hái bùrú zài jiā kàn diànshì.
산에 가느니 차라리 집에서 텔레비전을 보는 게 낫지.

05 与其发火抱怨，不如想办法解决。
Yǔqí fāhuǒ bàoyuàn, bùrú xiǎng bànfǎ jiějué.
화를 내고 불평하느니 차라리 해결책을 강구하는 것이 낫다.

06 与其指责别人，不如首先反思自己。
Yǔqí zhǐzé biérén, bùrú shǒuxiān fǎnsī zìjǐ.
남을 탓하느니 먼저 자신을 돌아보는 것이 낫다.

07 与其早晨睡懒觉，不如出去做运动。
Yǔqí zǎochén shuì lǎnjiào, bùrú chūqù zuò yùndòng.
아침에 늦잠을 자느니 차라리 밖에 나가 운동을 하는 것이 낫다.

指责 zhǐzé 동 질책하다, 책망하다
反思 fǎnsī 동 반성하다
等待 děngdài 동 기다리다
闲 xián 형 한가하다, 할 일이 없다

08 与其等待别人来帮助，不如自己努力。
Yǔqí děngdài biérén lái bāngzhù, bùrú zìjǐ nǔlì.
남이 도와주기를 기다리느니 차라리 스스로 노력하는 것이 낫다.

09 与其浪费时间，不如做些有意义的事。
Yǔqí làngfèi shíjiān, bùrú zuò xiē yǒu yìyì de shì.
시간을 낭비하느니 차라리 의미 있는 일을 하는 것이 낫다.

10 我们与其在家闲着，不如去图书馆看看书。
Wǒmen yǔqí zài jiā xiánzhe, bùrú qù túshūguǎn kànkan shū.
우리 집에서 빈둥거리느니 차라리 도서관에 가서 책을 보는 것이 낫겠어.

078

영상 보기

跟 A 相比

A와 비교하면/ A에 비해

비교하고자 하는 것을 '跟…相比' 사이에 넣어주면 돼요. '跟'과 같은 뜻을 가진 '与', '和'로 대체할 수 있으며 '相比' 대신 '比较', '比起来'를 사용할 수도 있어요.

More = 跟/与/和＋A＋相比/比较/比起来

> 김쌤 & 강쌤의 티키타카

你觉得你老婆厉害还是老虎厉害?
Nǐ juéde nǐ lǎopo lìhai háishi lǎohǔ lìhai?

跟老虎相比，老婆更可怕。
Gēn lǎohǔ xiāngbǐ, lǎopo gèng kěpà.

厉害 lìhai 형 사납다. 무섭다
老虎 lǎohǔ 명 호랑이
可怕 kěpà 형 두렵다. 무섭다

남자1 　넌 와이프가 무서워, 아니면 호랑이가 무서워?
남편 　호랑이와 비교하면, 아내가 더 무섭지.

01
跟平日相比，周末时路上更堵。
Gēn píngrì xiāngbǐ, zhōumò shí lùshang gèng dǔ.
평일과 비교하면 주말에 길이 더 막혀요.

02
跟语法相比，我觉得口语更难。
Gēn yǔfǎ xiāngbǐ, wǒ juéde kǒuyǔ gèng nán.
나는 문법보다 회화가 더 어렵다고 생각해요.

堵 dǔ [동] 막히다
优点 yōudiǎn [명] 장점. 우수한 점
想法 xiǎngfǎ [명] 생각. 의견
挣钱 zhèngqián [동] 돈을 벌다
数钱 shǔqián [동] 돈을 세다

03
跟西药相比，中药有哪些优点？
Gēn xīyào xiāngbǐ, zhōngyào yǒu nǎxiē yōudiǎn?
양약과 비교하면 한약은 어떤 장점이 있나요?

04
跟别人相比，他的想法太简单了。
Gēn biérén xiāngbǐ, tā de xiǎngfǎ tài jiǎndān le.
다른 사람에 비해 그 사람의 생각은 너무 단순해요.

05
跟挣钱相比，我更喜欢躺着数钱。
Gēn zhèngqián xiāngbǐ, wǒ gèng xǐhuan tǎngzhe shǔqián.
난 돈을 버는 것보다 누워서 돈 세는 것이 더 좋아.

06
跟上次考试相比，这次没有那么难。
Gēn shàngcì kǎoshì xiāngbǐ, zhè cì méiyǒu nàme nán.
지난번 시험과 비교하면 이번 시험은 그렇게 어렵지는 않았어요.

07
跟别的学生相比，他的成绩不怎么样。
Gēn bié de xuésheng xiāngbǐ, tā de chéngjì bù zěnmeyàng.
다른 학생에 비해 그의 성적은 별로 안 좋아요.

学历 xuélì [명] 학력
重视 zhòngshì [동] 중시하다. 중요시하다
婚礼 hūnlǐ [명] 결혼식. 혼례

08
跟过去相比，我们现在的生活很幸福。
Gēn guòqù xiāngbǐ, wǒmen xiànzài de shēnghuó hěn xìngfú.
과거와 비교하면 우리의 지금 생활은 매우 행복해요.

09
跟学历相比，我们公司更重视个人能力。
Gēn xuélì xiāngbǐ, wǒmen gōngsī gèng zhòngshì gèrén nénglì.
우리 회사는 학벌보다 개인의 능력을 더 중시해요.

10
跟第一次结婚相比，他这次的婚礼办得很简单。
Gēn dì yī cì jiéhūn xiāngbǐ, tā zhècì de hūnlǐ bàn de hěn jiǎndān.
첫 번째 결혼에 비해 그의 이번 결혼식은 간단하게 치러졌다.

又A又B

A하기도 하고 B하기도 하다

두 가지 상황이나 성질이 동시에 공존함을 표현할 때 사용해요.

▶ **김쌤 & 강쌤의 티키타카** ◀

我们来表扬对方吧！
Wǒmen lái biǎoyáng duìfāng ba!

好啊！我先！你像太阳一样，又热情又充满活力。
Hǎo a! Wǒ xiān! Nǐ xiàng tàiyáng yíyàng, yòu rèqíng yòu chōngmǎn huólì.

那你的脸就像月亮一样…
Nà nǐ de liǎn jiù xiàng yuèliàng yíyàng …

十分明亮？
Shífēn míngliàng?

不是，是又大又圆。
Búshì, shì yòu dà yòu yuán.

表扬 biǎoyáng 동 칭찬하다
热情 rèqíng 형 열정적이다. 친절하다
充满 chōngmǎn 동 충만하다. 넘치다
活力 huólì 명 활력. 생기. 활기
明亮 míngliàng 형 (빛이) 밝다. 환하다

김쌤   우리 서로를 칭찬합시다!
강쌤   좋아요! 제가 먼저! 당신은 마치 태양처럼 열정적이고 활력이 넘칩니다.
김쌤   네 얼굴은 달처럼…
강쌤   굉장히 밝다고요?
김쌤   아니, 크고 동그랗다고.

01
你又矮又胖。
Nǐ yòu ǎi yòu pàng.
너는 키가 작고 뚱뚱해.

02
我的腿又长又直。
Wǒ de tuǐ yòu cháng yòu zhí.
나는 다리가 길고 쭉 뻗었어.

直 zhí 〔형〕 곧다. 똑바르다
年轻 niánqīng 〔형〕 젊다
咳嗽 késou 〔동〕 기침하다
发烧 fāshāo 〔동〕 열이 나다

03
他又年轻又热情。
Tā yòu niánqīng yòu rèqíng.
그는 젊고 열정적이다.

04
他又咳嗽又发烧。
Tā yòu késou yòu fāshāo.
그는 기침도 하고 열도 난다.

05
这个西瓜又大又甜。
Zhège xīguā yòu dà yòu tián.
이 수박은 크고 달다.

06
今天又刮风又下雨，我还来上班。
Jīntiān yòu guāfēng yòu xiàyǔ, wǒ hái lái shàngbān.
오늘은 바람도 불고 비도 오는데 나 그래도 출근했어.

07
我知道一个又便宜又好吃的饭馆儿。
Wǒ zhīdào yí ge yòu piányi yòu hǎochī de fànguǎnr.
난 싸고 맛있는 음식점을 알아.

08
我男朋友又高又帅，又年轻又有钱。
Wǒ nánpéngyou yòu gāo yòu shuài, yòu niánqīng yòu yǒuqián.
내 남자친구는 키가 크고 잘생겼으며 젊고 돈도 많아.

刮风 guāfēng 〔동〕 바람이 불다
善良 shànliáng 〔형〕 선량하다. 착하다

09
你刚才说我又胖又矮，现在让我请你吃饭?
Nǐ gāngcái shuō wǒ yòu pàng yòu ǎi, xiànzài ràng wǒ qǐng nǐ chīfàn?
너 방금 내가 뚱뚱하고 키 작다고 말하고선 지금 나한테 밥을 사라고?

10
我又高又瘦，又聪明又漂亮，又善良又可爱。
Wǒ yòu gāo yòu shòu, yòu cōngming yòu piàoliang, yòu shànliáng yòu kě'ài.
나는 키가 크고 날씬하며 똑똑하고 예쁘고 착하고 귀여워.

영상 보기

一边 A 一边 B

A하면서 (동시에) B하다

동작이 동시에 진행되는 것이니 A와 B에는 동사 혹은 동사구가 들어가요. '**一边+동작+一边+동작**'이라고 외우면 잘 외워져요. '**一**'를 생략하여 '**边 A 边 B**'로 사용할 수도 있어요.

► 김쌤 & 강쌤의 티키타카 ◄

你在做什么?

Nǐ zài zuò shénme?

你猜！我在一边拉屎，一边和你打电话。

Nǐ cāi!　Wǒ zài yìbiān lāshǐ, yìbiān hé nǐ dǎ diànhuà.

真恶心，挂了！

Zhēn ěxin, guà le!

拉屎 lāshǐ 동 대변을 보다. 똥을 싸다
恶心 ěxin 형 메스껍다
挂 guà 동 전화를 끊다

김쌤　　너 지금 뭐해?

강쌤　　맞춰봐요! 똥 누면서 쌤과 전화하고 있죠.

김쌤　　아… 더러워. 끊어!

01
我们边吃边聊吧！
Wǒmen biān chī biān liáo ba!
우리 먹으면서 얘기합시다!

02
他常常一边喝红酒，一边跳舞。
Tā chángcháng yìbiān hē hóngjiǔ, yìbiān tiàowǔ.
그는 자주 와인을 마시면서 춤을 춘다.

03
你不要一边看电视剧，一边哭。
Nǐ búyào yìbiān kàn diànshìjù, yìbiān kū.
너는 드라마를 보면서 울지 마라.

红酒 hóngjiǔ 몡 와인
抽烟 chōuyān 동 담배를 피우다

04
一边喝酒，一边抽烟对身体不好。
Yìbiān hējiǔ, yìbiān chōuyān duì shēntǐ bù hǎo.
술을 마시면서 담배를 피우는 건 몸에 좋지 않아.

05
一边吃饭，一边看电视的习惯不好。
Yìbiān chīfàn, yìbiān kàn diànshì de xíguàn bù hǎo.
밥을 먹으면서 텔레비전을 보는 습관은 좋지 않다.

06
我看过一边上洗手间，一边吃的孩子。
Wǒ kànguo yìbiān shàng xǐshǒujiān, yìbiān chī de háizi.
나는 볼일 보면서 (먹을 것을) 먹는 아이를 본 적이 있다.

07
你不要一边开车，一边打电话，很危险。
Nǐ búyào yìbiān kāichē, yìbiān dǎ diànhuà, hěn wēixiǎn.
너 운전하면서 전화하지 마, 위험해.

上洗手间 shàng xǐshǒujiān
화장실에 가다. 볼일을 보다
危险 wēixiǎn 형 위험하다
难听 nántīng 형 듣기 싫다.
귀에 거슬리다

08
我儿子一边唱歌，一边学习，所以学习不好。
Wǒ érzi yìbiān chànggē, yìbiān xuéxí, suǒyǐ xuéxí bù hǎo.
우리 아들은 노래를 부르면서 공부를 하기 때문에 공부를 못 해.

09
我丈夫特别喜欢一边洗澡，一边唱歌，但是很难听。
Wǒ zhàngfū tèbié xǐhuan yìbiān xǐzǎo, yìbiān chànggē, dànshì hěn nántīng.
우리 남편은 샤워하면서 노래 부르는 것을 좋아하는데 진짜 듣기 싫어.

10
我每天早上边喝咖啡，边听音乐，这时候是最幸福的时间。
Wǒ měitiān zǎoshang biān hē kāfēi, biān tīng yīnyuè, zhè shíhou shì zuì xìngfú de shíjiān.
나는 매일 아침 커피를 마시면서 음악을 듣는데, 이때가 가장 행복한 시간이다.

081

영상 보기

一会儿A，一会儿B

A했다가, B했다가

두 개의 반대되는 의미의 단어를 사용하여 상황이 이랬다 저랬다 바뀜을 나타내요. 또, 두 개의 동작이 짧은 시간 동안에 연이어 행해짐을 나타내기도 해요.

▶ **김쌤 & 강쌤의 티키타카** ◀

女人真麻烦！你一会儿说买，一会儿说不买，
Nǚrén zhēn máfan! Nǐ yíhuìr shuō mǎi, yíhuìr shuō bù mǎi,

你到底买不买？
nǐ dàodǐ mǎibumǎi?

女人就像四月的天气一样，一会儿刮风，一会儿下雨，
Nǚrén jiù xiàng sì yuè de tiānqì yíyàng, yíhuìr guāfēng, yíhuìr xiàyǔ,

你说话小心点儿！
nǐ shuōhuà xiǎoxīn diǎnr!

> 刮风 guāfēng 통 바람이 불다
> 小心 xiǎoxīn 통 조심하다. 주의하다

남편　여자들은 정말 귀찮아! 산다고 했다가 안 산다고 했다가
　　　도대체 살 거야 안 살거야?
강쌤　여자는 4월의 날씨처럼 좀 있으면 바람이 불었다가 좀 있으면 비가 오니까,
　　　말 조심해!

01
天气一会儿晴，一会儿阴。
Tiānqì yíhuìr qíng, yíhuìr yīn.
날씨가 개였다 흐렸다 한다.

02
你别一会儿说普通话，一会儿说英语。
Nǐ bié yíhuìr shuō pǔtōnghuà, yíhuìr shuō Yīngyǔ.
중국어로 말했다가 영어로 말했다가 하지 마.

普通话 pǔtōnghuà 몡 표준 중국어
奇怪 qíguài 혱 이상하다

03
你们俩还是小孩子吗？一会儿好，一会儿吵。
Nǐmen liǎ háishi xiǎo háizi ma? Yíhuìr hǎo, yíhuìr chǎo.
너희 둘은 아직도 어린애니? 금방 좋았다 금방 싸우고.

04
最近天气有点儿奇怪，一会儿冷，一会儿热。
Zuìjìn tiānqì yǒudiǎnr qíguài, yíhuìr lěng, yíhuìr rè.
요즘 날씨가 좀 이상해요. 추웠다 더웠다 해요.

05
你一会儿想找工作，一会儿想继续上学，总是换。
Nǐ yíhuìr xiǎng zhǎo gōngzuò, yíhuìr xiǎng jìxù shàngxué, zǒngshì huàn.
너는 일자리를 구하고 싶어했다가, 계속 학교에 다니고 싶어했다가 계속 바뀌네.

发烧 fāshāo 동 열이 나다
收拾 shōushi 동 정리하다

06
他一会儿发烧，一会儿不发烧，还是去医院看看吧！
Tā yíhuìr fāshāo, yíhuìr bù fāshāo, háishi qù yīyuàn kànkan ba!
그는 금방 열이 났다가, 좀 있으면 열이 나지 않으니, 그래도 병원에 가 보는 것이 좋겠어요!

07
这个月一会儿刮风，一会儿下雨，没有天气好的时候。
Zhège yuè yíhuìr guāfēng, yíhuìr xiàyǔ, méiyǒu tiānqì hǎo de shíhou.
이번 달은 바람이 불다가 비가 오다가 날씨가 좋을 때가 없어요.

08
你一会儿喜欢这个，一会儿喜欢那个，到底喜欢哪个？
Nǐ yíhuìr xǐhuan zhège, yíhuìr xǐhuan nàge, dàodǐ xǐhuan nǎge?
너는 이게 맘에 든다고 했다가 저게 맘에 든다고 하고 도대체 어느 게 맘에 드는데?

09
你一会儿这样说，一会儿那样说，我们怎么能相信你？
Nǐ yíhuìr zhèyàng shuō, yíhuìr nàyàng shuō, wǒmen zěnme néng xiāngxìn nǐ?
네가 이랬다 저랬다 하는데 우리가 어떻게 너를 믿을 수 있겠니?

10
她一到周末就特别忙，一会儿洗衣服，一会儿收拾房间。
Tā yídào zhōumò jiù tèbié máng, yíhuìr xǐ yīfu, yíhuìr shōushi fángjiān.
그녀는 주말이면 매우 바빠. 빨래하랴 방 청소하랴.

或者 A，或者 B

A하든지 B하든지

A와 B 중 선택을 하게 할 때 쓰는 표현으로, 뒤에는 동사 또는 동사구가 와요.

More⁺ = 要么 A，要么 B

▶ **김쌤 & 강쌤의 티키타카** ◀

今晚你想吃什么?
Jīnwǎn nǐ xiǎng chī shénme?

或者吃生鱼片，或者吃牛肉，我不挑食。
Huòzhě chī shēngyúpiàn, huòzhě chī niúròu, wǒ bù tiāoshí.

那就吃方便面吧!
Nà jiù chī fāngbiànmiàn ba!

> **生鱼片** shēngyúpiàn 몡 생선회
> **挑食** tiāoshí 동 편식하다
> **方便面** fāngbiànmiàn 몡 라면

김쌤　　오늘 저녁에 뭐 먹고 싶어?
강쌤　　생선회를 먹든지 소고기를 먹든지 전 편식은 안 해요.
김쌤　　그럼 라면 먹자!

01 或者去，或者不去，快点儿决定。
Huòzhě qù, huòzhě bú qù, kuài diǎnr juédìng.
가든지 안 가든지 빨리 결정해라.

02 你只有两条路，或者前进，或者后退。
Nǐ zhǐyǒu liǎng tiáo lù, huòzhě qiánjìn, huòzhě hòutuì.
너에게는 단지 전진하거나 혹은 후퇴하거나, 이 두 가지 길만 있을 뿐이다.

前进 qiánjìn 图 전진하다	
后退 hòutuì 图 후퇴하다. 물러나다	
反正 fǎnzhèng 图 어쨌든	
提出 tíchū 图 제시하다	
贷款 dàikuǎn 图 대출하다	
确定 quèdìng 图 확실히 하다	

03 长大了我或者成为医生，或者成为老师。
Zhǎngdà le wǒ huòzhě chéngwéi yīshēng, huòzhě chéngwéi lǎoshī.
커서 나는 의사가 되거나 선생님이 될 거야.

04 或者坐车，或者走路，你必须在3点前到达。
Huòzhě zuò chē, huòzhě zǒu lù, nǐ bìxū zài sān diǎn qián dàodá.
차를 타든 걸어서 가든 너는 반드시 3시 전에 도착해야 돼.

05 暑假或者去上海，或者去杭州，反正得出去旅游。
Shǔjià huòzhě qù Shànghǎi, huòzhě qù Hángzhōu, fǎnzhèng děi chūqù lǚyóu.
여름방학에 상하이로 가든지 항저우로 가든지 어쨌든 여행을 가야 한다.

06 不懂的问题可以问老师，或者问同学，或者上网查。
Bù dǒng de wèntí kěyǐ wèn lǎoshī, huòzhě wèn tóngxué, huòzhě shàngwǎng chá.
모르는 문제는 선생님께 여쭤보거나, 친구에게 물어보거나, 인터넷에서 찾아보면 된다.

07 咱们三个人，或者你去，或者我去，或者他去，谁去都可以。
Zánmen sān ge rén, huòzhě nǐ qù, huòzhě wǒ qù, huòzhě tā qù, shéi qù dōu kěyǐ.
우리 세 명 중에 네가 가든지 내가 가든지 그가 가든지 누가 가도 된다.

08 关于买房子这件事，他提出了两个办法，或者贷款，或者借钱。
Guānyú mǎi fángzi zhè jiàn shì, tā tíchū le liǎng ge bànfǎ, huòzhě dàikuǎn, huòzhě jièqián.
집을 사는 이 일에 관해서 그는 대출을 받거나 아니면 돈을 빌리는 이 두 가지 방법을 제시했다.

09 今天晚上我或者去看篮球比赛，或者在家看电视，还不能确定。
Jīntiān wǎnshang wǒ huòzhě qù kàn lánqiú bǐsài, huòzhě zài jiā kàn diànshì, hái bùnéng quèdìng.
오늘 저녁에 내가 농구 경기를 보러 갈지 아니면 집에서 텔레비전을 볼지는 아직 확실하지 않다.

10 李老师现在不在，你或者等他，或者明天再来，或者给他打电话。
Lǐ lǎoshī xiànzài bú zài, nǐ huòzhě děng tā, huòzhě míngtiān zài lái, huòzhě gěi tā dǎ diànhuà.
이 선생님께서 지금 안 계시니, 기다리든지, 내일 다시 오든지, 선생님께 전화하든지 하세요.

083 | 一方面 A，另一方面 B

한편으로는 A하고, 또 다른 한편으로는 B하다

두 가지 상황이나 생각을 동시에 가지고 있음을 나타낼 때 쓸 수 있는 표현이에요.

김쌤 & 강쌤의 티키타카

你怎么这么喜欢看帅哥?
Nǐ zěnme zhème xǐhuan kàn shuàigē?

看帅哥一方面对眼睛好，另一方面可以缓解压力。
Kàn shuàigē yì fāngmiàn duì yǎnjing hǎo, lìng yì fāngmiàn kěyǐ huǎnjiě yālì.

是吗? 我也要看!
Shì ma? Wǒ yě yào kàn!

帅哥 shuàigē 몡 잘생긴 남자를 부르거나 이르는 말
缓解 huǎnjiě 통 완화시키다. 풀다
压力 yālì 몡 스트레스

강쌤 　김쌤은 왜 이렇게 잘생긴 남자를 좋아해요?
김쌤 　잘생긴 남자를 보면 한편으로는 눈에 좋고 한편으로는 스트레스도 풀 수 있잖아.
강쌤 　그래요? 나도 봐야겠다!

01
我们一方面是好朋友，另一方面又是对手。
Wǒmen yì fāngmiàn shì hǎo péngyou, lìng yì fāngmiàn yòu shì duìshǒu.
우리는 한편으로는 친한 친구이기도 하지만, 다른 한편으로는 라이벌이기도 하다.

02
他一方面想买好的，另一方面又不想花钱。
Tā yì fāngmiàn xiǎng mǎi hǎo de, lìng yì fāngmiàn yòu bù xiǎng huāqián.
그는 한편으로는 좋은 것을 사고 싶으면서도 한편으로는 돈을 쓰고 싶지 않다.

对手 duìshǒu 몡 상대. 라이벌
指出 zhǐchū 통 지적하다
缺点 quēdiǎn 몡 결점. 단점
积累 jīlěi 통 쌓이다. 축적하다
马虎 mǎhu 혱 건성건성하다

03
这么做一方面影响学习，另一方面浪费时间。
Zhème zuò yì fāngmiàn yǐngxiǎng xuéxí, lìng yì fāngmiàn làngfèi shíjiān.
이렇게 하면 한편으로는 공부에 지장을 주면서 다른 한편으로는 시간을 낭비하게 된다.

04
爬山一方面可以锻炼身体，另一方面还可以减肥。
Páshān yì fāngmiàn kěyǐ duànliàn shēntǐ, lìng yì fāngmiàn hái kěyǐ jiǎnféi.
등산을 하면 한편으로는 운동도 되고, 다른 한편으로는 다이어트도 할 수 있다.

05
我们一方面要保护环境，另一方面也要节约资源。
Wǒmen yì fāngmiàn yào bǎohù huánjìng, lìng yì fāngmiàn yě yào jiéyuē zīyuán.
우리는 한편으로는 환경을 보호해야 하고 다른 한편으로는 자원을 절약해야 한다.

06
我一方面要看到他的优点，另一方面也要指出他的缺点。
Wǒ yì fāngmiàn yào kàndào tā de yōudiǎn, lìng yì fāngmiàn yě yào zhǐchū tā de quēdiǎn.
나는 한편으로는 그의 장점을 보아야 하지만, 다른 한편으로는 그의 단점도 지적해야 한다.

07
他这么做，一方面是为了帮我，另一方面也是为了他自己。
Tā zhème zuò, yì fāngmiàn shì wèile bāng wǒ, lìng yì fāngmiàn yě shì wèile tā zìjǐ.
그가 이렇게 하는 것은 한편으로는 나를 도와 주기 위해서이고 또 한편으로는 스스로를 위해서이기도 하다.

08
实习一方面可以积累工作经验，另一方面可以学习新的知识。
Shíxí yì fāngmiàn kěyǐ jīlěi gōngzuò jīngyàn, lìng yì fāngmiàn kěyǐ xuéxí xīn de zhīshi.
실습은 한편으로는 업무 경험을 쌓을 수 있고, 다른 한편으로는 새로운 지식을 배울 수 있다.

09
住在这儿，一方面是因为环境安静，另一方面是因为交通方便。
Zhùzài zhèr, yì fāngmiàn shì yīnwèi huánjìng ānjìng, lìng yì fāngmiàn shì yīnwèi jiāotōng fāngbiàn.
여기에 사는 것은 한편으로는 환경이 조용하기 때문이기도 하고, 다른 한편으로는 교통이 편리하기 때문이다.

10
他这次数学没考好，一方面是因为马虎，另一方面是因为题人难了。
Tā zhècì shùxué méi kǎohǎo, yì fāngmiàn shì yīnwèi mǎhu, lìng yì fāngmiàn shì yīnwèi tí tài nán le.
그가 이번에 수학 시험을 잘 못 본 것은 한편으로는 덤벙대기도 했지만, 다른 한편으로는 문제가 너무 어려웠기 때문이다.

A 还是 B?

A할래 아니면 B할래?/ A야 아니면 B야?

접속사 '还是'를 이용하여 **둘 중에 하나를 선택**하게 하는 패턴으로, 주로 의문문에 쓰인다는 점에 주의하세요. 또 '是 A 还是 B?'의 패턴으로도 쓸 수 있어요.

▶ 【 김쌤 & 강쌤의 티키타카 】 ◀

你吃麻辣烫还是炸鸡? 今天我请客!
Nǐ chī málàtàng háishi zhájī?   Jīntiān wǒ qǐngkè!

不能都吃吗?
Bùnéng dōu chī ma?

你不觉得自己脸皮很厚吗?
Nǐ bù juéde zìjǐ liǎnpí hěn hòu ma?

麻辣烫 málàtàng 몡 마라탕

炸鸡 zhájī 몡 치킨

请客 qǐngkè 동 한턱내다

脸皮厚 liǎnpíhòu 혱 뻔뻔스럽다. 철면피이다

김쌤　　　너 마라탕 먹을래 아니면 치킨 먹을래? 오늘 내가 살게!

강쌤　　　다 먹으면 안 돼요?

김쌤　　　얼굴이 두껍다는 생각 안 들어?

01 喝啤酒还是喝可乐?
Hē píjiǔ háishi hē kělè?
맥주 마실래 아니면 콜라 마실래?

02 你像爸爸还是像妈妈?
Nǐ xiàng bàba háishi xiàng māma?
너는 아빠 닮았어 아니면 엄마 닮았어?

像 xiàng 통 닮다. 비슷하다
五花肉 wǔhuāròu 명 삼겹살
消息 xiāoxi 명 소식
假 jiǎ 형 거짓의, 가짜의

03 你生一个还是生两个?
Nǐ shēng yí ge háishi shēng liǎng ge?
하나 낳을 거야, 둘 낳을 거야?

04 你喜欢五花肉还是牛肉?
Nǐ xǐhuan wǔhuāròu háishi niúròu?
삼겹살 좋아하세요, 아니면 소고기를 좋아하세요?

05 这个消息是真的还是假的?
Zhège xiāoxi shì zhēn de háishi jiǎ de?
이 소식 진짜야 아니면 가짜야?

06 到底是你的错还是我的错?
Dàodǐ shì nǐ de cuò háishi wǒ de cuò?
도대체 네 잘못이야 아니면 내 잘못이야?

07 你一个人去还是和朋友一起去?
Nǐ yí ge rén qù háishi hé péngyou yìqǐ qù?
너 혼자 갈래, 아니면 친구랑 같이 갈래?

到底 dàodǐ 부 도대체
错 cuò 명 착오, 잘못
最后一名 zuìhòu yìmíng 명 꼴찌

08 你要在家睡觉还是和我一起出去?
Nǐ yào zài jiā shuìjiào háishi hé wǒ yìqǐ chūqù?
너 집에서 잘래 아니면 나랑 같이 나갈래?

09 你要坐公共汽车去还是坐地铁去?
Nǐ yào zuò gōnggòngqìchē qù háishi zuò dìtiě qù?
넌 버스로 갈래 아니면 지하철로 갈래?

10 这次考试你是第一名还是最后一名?
Zhè cì kǎoshì nǐ shì dì yī míng háishi zuìhòu yìmíng?
이번 시험에서 너는 1등이니 아니면 꼴등이니?

还是 A 吧!

아무래도 A하는 것이 좋겠어!

비교를 통해서 **더 나은 것을 선택**하여 '~하는 것이 낫다'고 제시하거나 권유하는 말투예요.

▶ **김쌤 & 강쌤의 티키타카** ◀

明天要早起，你还是定个闹钟吧!
Míngtiān yào zǎoqǐ, nǐ háishi dìng ge nàozhōng ba!

定了闹钟我也起不来。
Dìng le nàozhōng wǒ yě qǐbulái.

没关系，反正迟到扣工资。
Méi guānxi, fǎnzhèng chídào kòu gōngzī.

定闹钟 dìng nàozhōng 동 알람 맞추다
反正 fǎnzhèng 부 어차피. 어쨌든
扣 kòu 동 공제하다. 빼다

김쌤　　내일 일찍 일어나야 되니까 알람을 맞춰 놓는 게 좋을 것 같아!
강쌤　　알람을 맞춰놔도 못 일어나요.
김쌤　　괜찮아, 어차피 지각하면 월급에서 깎을 거니까.

01 还是**分手**吧！
Háishi fēnshǒu ba!
그냥 헤어지자!

还是 fēnshǒu 통 헤어지다. 이별하다

02 还是**不减肥**吧！
Háishi bù jiǎnféi ba!
살 안 빼는 게 낫겠다!

03 还是**去医院**吧！
Háishi qù yīyuàn ba!
아무래도 병원에 가는 게 좋겠어.

04 还是**走着去**吧！
Háishi zǒuzhe qù ba!
그냥 걸어서 가자!

05 你还是**听我的**吧！
Nǐ háishi tīng wǒ de ba!
너 내 말 듣는 게 좋을 걸!

06 还是**坐地铁去**吧！
Háishi zuò dìtiě qù ba!
지하철로 가는 게 낫겠다!

07 这件事还是**别告诉他**吧！
Zhè jiàn shì háishi bié gàosu tā ba!
이 일은 아무래도 그에게 말하지 않는 것이 좋겠어!

08 他已经道歉了，还是**原谅他**吧！
Tā yǐjīng dàoqiàn le, háishi yuánliàng tā ba!
그가 이미 사과를 했으니 용서하는 것이 좋겠어!

道歉 dàoqiàn 통 사과하다
原谅 yuánliàng 통 양해하다. 용서하다
复习 fùxí 통 복습하다

09 你这么不舒服，还是**回家休息**吧！
Nǐ zhème bù shūfu, háishi huíjiā xiūxi ba!
너는 이렇게 아픈데 그냥 집에 가서 쉬어!

10 明天就要考试了，你还是**再复习一下**吧！
Míngtiān jiù yào kǎoshì le, nǐ háishi zài fùxí yíxià ba!
내일 시험이니까 좀 더 복습을 하는 게 좋겠어!

086

越来越…

점점 더 ~해지다

정도가 서서히 증가함을 나타내는 표현이에요.

▶ **김쌤 & 강쌤의 티키타카** ◀

你的脸越来越大了。少吃点儿吧!
Nǐ de liǎn yuèláiyuè dà le.　　Shǎo chī diǎnr ba!

呵呵，你的胆子也越来越大了。
Hēhē, nǐ de dǎnzi yě yuèláiyuè dà le.

胆子 dǎnzi 명 담력, 간덩이

강쌤　　원장님, 얼굴이 점점 커지고 있어요. 조금만 드세요!
김쌤　　허허, 너의 간도 점점 커지고 있구나.

01 你越来越懒了。
Nǐ yuèláiyuè lǎn le.
너는 점점 더 게을러지네.

02 我越来越穷了。
Wǒ yuèláiyuè qióng le.
나는 점점 더 가난해지고 있어.

懒 lǎn 〔형〕 게으르다. 나태하다
穷 qióng 〔형〕 가난하다. 궁하다
白天 báitiān 〔명〕 낮. 대낮
拍马屁 pāi mǎpì 비위를 맞추다. 아부하다

03 天气越来越冷了。
Tiānqì yuèláiyuè lěng le.
날씨가 점점 추워지고 있어.

04 白天越来越短了。
Báitiān yuèláiyuè duǎn le.
낮이 점점 짧아지고 있어.

05 你越来越会拍马屁。
Nǐ yuèláiyuè huì pāi mǎpì.
너는 갈수록 아첨을 잘하네.

06 谁说我越来越抠门儿?
Shéi shuō wǒ yuèláiyuè kōuménr?
내가 점점 더 인색해진다고 누가 그래?

07 你的汉语水平越来越高。
Nǐ de Hànyǔ shuǐpíng yuèláiyuè gāo.
너의 중국어 실력이 갈수록 좋아지네.

抠门儿 kōuménr 〔형〕 인색하다
性感 xìnggǎn 〔형〕 섹시하다

08 你看你的腿越来越粗了。
Nǐ kàn nǐ de tuǐ yuèláiyuè cū le.
봐 봐, 네 다리가 점점 굵어지잖아.

09 我越来越不想和你说话了。
Wǒ yuèláiyuè bù xiǎng hé nǐ shuōhuà le.
나는 점점 더 너와 이야기하기가 싫어져.

10 你越来越年轻，越来越漂亮，越来越性感。
Nǐ yuèláiyuè niánqīng, yuèláiyuè piàoliang, yuèláiyuè xìnggǎn.
당신은 점점 더 젊어지고, 예뻐지고, 섹시해지네요.

087

영상 보기

越…越…

~할수록 ~하다

'越…越…'는 '~할수록 ~하다'의 형식으로 패턴 086 '越来越(점점 더)'와 비슷해 보이지만 의미상, 문법상 차이가 있어요. '越来越'는 '越…越…'처럼 사이에 다른 말을 넣어 사용할 수 없어요.

▶ ◀ **김쌤 & 강쌤의 티키타카** ▶ ◀

你手里的蛋糕我怎么越看越熟悉?
Nǐ shǒu lǐ de dàngāo wǒ zěnme yuè kàn yuè shúxi?

好像是我昨天买的。
Hǎoxiàng shì wǒ zuótiān mǎi de.

就是你买的，我只是帮你尝尝味道怎么样。
Jiùshì nǐ mǎi de, wǒ zhǐshì bāng nǐ chángchang wèidao zěnmeyàng.

熟悉 shúxi 동 낯익다	
好像 hǎoxiàng 동 마치 ~과 같다	

김쌤　　강쌤 손에 든 케이크 왜 볼수록 낯이 익지?
　　　　내가 어제 산 것 같은데.
강쌤　　쌤이 산 거 맞아요, 전 단지 맛을 봐 주려던 것뿐이에요.

01

我越想越生气。

Wǒ yuè xiǎng yuè shēngqì.

생각할수록 화가 나.

02

你越看越漂亮。

Nǐ yuè kàn yuè piàoliang.

넌 볼수록 예뻐.

03

钱是越多越好的。

Qián shì yuè duō yuè hǎo de.

돈은 많으면 많을수록 좋은 거야.

04

我为什么越睡越困?

Wǒ wèishénme yuè shuì yuè kùn?

나는 왜 잘수록 졸린 거지?

05

你为什么越减越肥?

Nǐ wèishénme yuè jiǎn yuè féi?

넌 왜 다이어트 할수록 찌는 건데?

06

你怎么越活越年轻?

Nǐ zěnme yuè huó yuè niánqīng?

넌 어떻게 나이 들수록 더 젊어져?

07

我觉得汉语越学越简单。

Wǒ juéde Hànyǔ yuè xué yuè jiǎndān.

제 생각에는 중국어가 배울수록 쉬운 것 같아요.

08

我丈夫越老越像小孩儿。

Wǒ zhàngfu yuè lǎo yuè xiàng xiǎoháir.

내 남편은 나이가 들수록 어린애 같아져.

年轻 niánqīng 〔형〕 젊다

小气 xiǎoqi 〔형〕 인색하다, 쩨쩨하다

09

你觉得越有钱越幸福吗?

Nǐ juéde yuè yǒuqián yuè xìngfú ma?

너는 돈이 많을수록 행복하다고 생각하니?

10

你觉得越有钱越小气吗?

Nǐ juéde yuè yǒuqián yuè xiǎoqi ma?

돈이 있을수록 인색하다고 생각하시나요?

088

영상 보기

非(得)A不可

A하지 않으면 안 된다/ 꼭 A(해야) 한다

'一定要A'와 비슷한 의미이지만, '非A不可'는 **강조하고 싶은 부분 A**를 그 사이에 놓으며 **이중부정**을 통해 더 강한 어감을 전달해요. '一定要A(반드시 A할 것이다)' 외에 '一定会A(틀림없이 A할 것이다)'의 의미도 있으며 더 강조하여 표현할 수 있어요. '非得A不可' 또는 '非要A不可'로도 쓸 수 있어요.

 我们一定要去。 < 我们非去不可。 (더 강한 표현임)
우리는 반드시 가야 한다.

▶ **김쌤 & 강쌤의 티키타카** ◀

 金美淑! 我有句话非说不可。
Jīn Měishū! Wǒ yǒu jù huà fēi shuō bùkě.

 你说!
Nǐ shuō!

 我没见过比你还漂亮的人!
Wǒ méi jiànguo bǐ nǐ hái piàoliang de rén!

 你真是个马屁精!
Nǐ zhēn shì ge mǎpìjīng!

马屁精 mǎpìjīng 명 아첨쟁이

강쌤 　김미숙! 저 반드시 해야 할 말이 있어요.
김쌤 　말해!
강쌤 　원장쌤보다 더 예쁜 사람 본 적이 없어요!
김쌤 　넌 정말 아첨쟁이야!

01 我非得道歉不可吗?
Wǒ fēiděi dàoqiàn bùkě ma?
내가 반드시 사과해야만 합니까?

02 公司的规定非改不可。
Gōngsī de guīdìng fēi gǎi bùkě.
회사의 규정을 고치지 않으면 안 된다.

道歉 dàoqiàn 통 사과하다
规定 guīdìng 명 규정, 규칙
警察 jǐngchá 명 경찰
抓住 zhuāzhù 통 붙잡다, 잡다
罪犯 zuìfàn 명 범인, 죄인

03 这次我非考上大学不可。
Zhè cì wǒ fēi kǎoshàng dàxué bùkě.
이번에 나 반드시 대학에 합격해야 돼.

04 警察非得抓住这个罪犯不可。
Jǐngchá fēiděi zhuāzhù zhège zuìfàn bùkě.
경찰은 이 범인을 잡지 않으면 안 된다.

05 他正生着气呢,你非现在说不可吗?
Tā zhèng shēngzhe qì ne, nǐ fēi xiànzài shuō bùkě ma?
걔 지금 화나 있는데, 너는 꼭 지금 말을 해야겠니?

06 他得的是心脏病,非得做手术不可。
Tā dé de shì xīnzàngbìng, fēiděi zuò shǒushù bùkě.
그가 걸린 것은 심장병이라서 수술을 하지 않으면 안 된다.

07 你非他不可吗? 你非嫁给他不可吗?
Nǐ fēi tā bùkě ma? Nǐ fēi jiàgěi tā bùkě ma?
그 사람 아니면 안 돼? 너 꼭 그 사람한테 시집가야 되겠니?

心脏病 xīnzàngbìng 명 심장병
嫁 jià 통 시집가다
挨打 áidǎ 통 매 맞다, 구타당하다
批评 pīpíng 통 비평하다, 꾸짖다
打断 dǎduàn 통 끊다, 자르다

08 要是你爸知道这件事,你非挨打不可。
Yàoshi nǐ bà zhīdào zhè jiàn shì, nǐ fēi áidǎ bùkě.
너의 아버지가 이 일을 알게 되면 너는 틀림없이 맞을 거야.

09 他已经知道错了,你非得批评他不可吗?
Tā yǐjīng zhīdào cuò le, nǐ fēiděi pīpíng tā bùkě ma?
그는 이미 잘못한 걸 아는데, 너는 걔를 꼭 혼내야 되겠니?

10 我还没说完呢,你非要打断我的话不可吗?
Wǒ hái méi shuōwán ne, nǐ fēi yào dǎduàn wǒ de huà bùkě ma?
내 말 아직 안 끝났는데, 너는 굳이 내 말을 끊어야만 되겠니?

089

영상 보기

先+동사1, 然后/再+동사2

먼저 A하고, 그런 다음에 B한다

선후관계를 나타내는 접속사 패턴으로, 두 개 혹은 더 많은 일을 발생 순서에 따라 나타내요. 여기에서 '再'는 '然后'와 같은 뜻이며, 각각 단독으로 쓰이기도 하고 '然后再'를 중복하여 사용하기도 해요.

▶ **김쌤 & 강쌤의 티키타카** ◀

能不能借我点儿钱?
Néngbunéng jiè wǒ diǎnr qián?

别人都是先还钱，然后再借钱。
Biérén dōu shì xiān huánqián, ránhòu zài jièqián.

你是先借钱，然后再借钱。
Nǐ shì xiān jièqián, ránhòu zài jièqián.

请问，您什么时候还我的钱?
Qǐngwèn, nín shénme shíhou huán wǒ de qián?

강쌤　돈 좀 빌려 주시겠어요?

김쌤　다른 사람들은 돈을 먼저 갚고 그런 다음에 돈을 빌리는데,
　　　넌 먼저 돈을 빌린 후에 그런 다음에 또 돈을 빌려.
　　　저기요… 제 돈 언제 갚으실 건가요?

01 你先吃饭，再吃药。
Nǐ xiān chīfàn, zài chīyào.
너 밥 먼저 먹고 그런 후에 약 먹어.

02 我们先学习，再玩儿。
Wǒmen xiān xuéxí, zài wánr.
우리 먼저 공부하고 그런 후에 놀자.

03 我们先吃饭，然后再开会。
Wǒmen xiān chīfàn, ránhòu zài kāihuì.
우리 밥 먼저 먹은 후에 회의합시다.

开会 kāihuì [동] 회의를 하다(열다)
商量 shāngliang [동] 상의하다. 의논하다

04 你先休息，再给我打电话吧！
Nǐ xiān xiūxi, zài gěi wǒ dǎ diànhuà ba!
일단 쉬고 그런 다음에 나에게 전화해!

05 我们先商量一下，再告诉你。
Wǒmen xiān shāngliang yíxià, zài gàosu nǐ.
우리가 먼저 상의해 본 다음에 너에게 알려줄게.

06 你先做题，然后我给你讲讲。
Nǐ xiān zuòtí, ránhòu wǒ gěi nǐ jiǎngjiang.
네가 먼저 문제를 푼 다음에 내가 너에게 설명해 줄게.

07 你要先改变自己，再改变别人。
Nǐ yào xiān gǎibiàn zìjǐ, zài gǎibiàn biérén.
너는 자신을 먼저 변화시키고 그런 다음에 남을 변화시켜야 돼.

08 他每天回家先洗澡，然后再吃饭。
Tā měitiān huíjiā xiān xǐzǎo, ránhòu zài chīfàn.
그는 매일 집에 가서 먼저 샤워를 한 후에 밥을 먹는다.

做题 zuòtí [동] 문제를 풀다
讲 jiǎng [동] 설명하다. 해석하다. 강의하다
改变 gǎibiàn [동] 바꾸다. 고치다. 변화시키다

09 我们先去了上海，然后又去了北京。
Wǒmen xiān qù le Shànghǎi, ránhòu yòu qù le Běijīng.
우리는 먼저 상하이에 갔다가 베이징에 갔다.

10 回到家里，要先写作业，然后再看电视。
Huídào jiā lǐ, yào xiān xiě zuòyè, ránhòu zài kàn diànshì.
집에 돌아오면 숙제부터 먼저 하고, 그러고 나서 텔레비전을 봐야 돼.

090

영상 보기

一…就…

~하자마자 바로/~하기만 하면 ~하다

앞절의 동작이 발생하자마자 바로 뒷절의 동작이나 상황이 발생함을 나타내요.

▶ **김쌤 & 강쌤의 티키타카** ◀

你真是！你一看到好吃的就两眼发光。
Nǐ zhēnshì! Nǐ yí kàndào hǎochī de jiù liǎngyǎn fāguāng.

你有什么资格说我？
Nǐ yǒu shénme zīgé shuō wǒ?

你也一样，你一看到帅哥就两眼发光。
Nǐ yě yíyàng, nǐ yí kàndào shuàigē jiù liǎngyǎn fāguāng.

发光 fāguāng 통 광채를 내다. 빛나다	
资格 zīgé 명 자격	
帅哥 shuàigē 명 잘생긴 남자를 부르거나 이르는 말	

김쌤　　너도 참! 맛있는 것만 보면 두 눈이 반짝거려.
강쌤　　저한테 뭐라고 할 자격 있으세요?
　　　　원장쌤도 마찬가지잖아요, 잘생긴 남자만 보면 두 눈이 반짝거리잖아요.

01 我一看书就困。
Wǒ yí kàn shū jiù kùn.
나는 책만 보면 졸려.

02 他一喝酒就哭。
Tā yì hējiǔ jiù kū.
그는 술만 마시면 운다.

03 我一学习就头疼。
Wǒ yì xuéxí jiù tóuténg.
나는 공부만 하면 머리가 아파요.

04 我一有时间就学汉语。
Wǒ yì yǒu shíjiān jiù xué Hànyǔ.
나는 시간이 나기만 하면 중국어를 공부해.

05 他一有钱就去买衣服。
Tā yì yǒuqián jiù qù mǎi yīfu.
그는 돈만 있으면 옷을 사러 간다.

06 你一下飞机就给我打电话。
Nǐ yí xià fēijī jiù gěi wǒ dǎ diànhuà.
비행기에서 내리자마자 나한테 전화해.

07 我的酒量很差，一喝就醉。
Wǒ de jiǔliàng hěn chà, yì hē jiù zuì.
나는 술이 약해서 마시기만 하면 취한다.

酒量 jiǔliàng 명 주량
醉 zuì 동 취하다
会议室 huìyìshì 명 회의실

08 他一吃辣的就肚子不舒服。
Tā yì chī là de jiù dùzi bù shūfu.
그는 매운 것을 먹기만 하면 속이 불편하다.

09 他一到公司就进会议室了。
Tā yí dào gōngsī jiù jìn huìyìshì le.
그는 회사에 오자마자 회의실로 들어갔다.

10 他 生气就打老婆，所以他们俩离婚了。
Tā yì shēngqì jiù dǎ lǎopo, suǒyǐ tāmen liǎ líhūn le.
그는 화가 나기만 하면 아내를 때려서 그들 둘은 이혼했다.

091

영상 보기

哪怕…也…

설령/설사 ~하더라도 ~하다

'哪怕 nǎpà'는 같은 뜻을 가진 '即使 jíshǐ'와 '就是 jiùshì'로 대체할 수 있어요. '即使'는 서면어 성격이 강하고 '哪怕'와 '就是'가 구어체에서 더 많이 사용돼요. 뒷절에 나오는 '也'도 '还是'로 바꿔 쓸 수 있어요.

▶ 김쌤 & 강쌤의 티키타카 ◀

 哪怕我十天不洗头，也这么好看！
Nǎpà wǒ shí tiān bù xǐtóu, yě zhème hǎokàn!

 你该吃药了。
Nǐ gāi chīyào le.

洗头 xǐtóu 통 머리를 감다

김쌤　　열흘이나 머리를 안 감아도 이렇게 아름답다니!
강쌤　　쌤, 약 먹을 때 됐어요.

01 哪怕你不答应，我也要去。
Nǎpà nǐ bù dāying, wǒ yě yào qù.
설령 네가 승낙하지 않더라도 나는 갈 거야.

02 哪怕你求我，我也不会帮你。
Nǎpà nǐ qiú wǒ, wǒ yě búhuì bāng nǐ.
네가 애걸해도 난 도와주지 않을 거야.

答应 dāying 图 동의하다. 승낙하다
求 qiú 图 청하다. 부탁하다
坚持 jiānchí 图 견지하다. 꾸준히 하다
承认 chéngrèn 图 승인하다. 인정하다
证据 zhèngjù 图 증거. 근거

03 哪怕再难，我也要坚持学下去。
Nǎpà zài nán, wǒ yě yào jiānchí xuéxiàqù.
아무리 어렵더라도 나는 꾸준히 공부할 것이다.

04 哪怕你不承认，我们也有证据。
Nǎpà nǐ bù chéngrèn, wǒmen yě yǒu zhèngjù.
설령 네가 인정하지 않더라도 우리에게는 증거가 있어.

05 哪怕没有人理解我，我还是要做。
Nǎpà méiyǒu rén lǐjiě wǒ, wǒ háishi yào zuò.
설사 아무도 나를 이해해 주지 않더라도 나는 그래도 할 거예요.

06 哪怕遇到再大的困难，我们也能克服。
Nǎpà yùdào zài dà de kùnnan, wǒmen yě néng kèfú.
설령 더 큰 어려움을 만나더라도 우리는 극복할 수 있다.

07 哪怕只有万分之一的机会，我也要抓住。
Nǎpà zhǐyǒu wànfēn zhīyī de jīhuì, wǒ yě yào zhuāzhù.
만분의 일의 기회만 있어도 나는 붙잡을 것이다.

克服 kèfú 图 극복하다
万分之一 wànfēn zhīyī 만분의 일
抓住 zhuāzhù 图 붙잡다.
(마음을) 사로잡다
认真 rènzhēn 图 진지하다. 성실하다
笑话 xiàohua 图 비웃다. 조롱하다

08 哪怕是一件很小的事，他也做得非常认真。
Nǎpà shì yí jiàn hěn xiǎo de shì, tā yě zuò de fēicháng rènzhēn.
설사 아주 작은 일이라도 그는 매우 열심히 한다.

09 哪怕你永远不喜欢我，我还是会一直爱你。
Nǎpà nǐ yǒngyuǎn bù xǐhuan wǒ, wǒ háishi huì yìzhí ài nǐ.
당신이 영원히 나를 좋아하지 않더라도, 나는 그래도 당신을 계속 사랑할 거예요.

10 哪怕所有的人都笑话我，我还是相信我会成功。
Nǎpà suǒyǒu de rén dōu xiàohua wǒ, wǒ háishi xiāngxìn wǒ huì chénggōng.
모든 사람들이 나를 비웃는다 해도 그래도 나는 내가 성공할 것이라고 믿어요.

092

영상 보기

如果 A，就 B

만약 A하면 B해

가정의 상황을 표현하는 기본적인 패턴으로, 그만큼 쓸 일이 많은 표현이니 잘 알아두세요!

More⁺ = 要是/倘若/假如 A, 就 B

▶ **김쌤 & 강쌤의 티키타카** ◀

如果你有什么困难，就来找我，我会帮你。
Rúguǒ nǐ yǒu shénme kùnnan, jiù lái zhǎo wǒ, wǒ huì bāng nǐ.

我最近…
Wǒ zuìjìn …

如果借钱，就别说了。
Rúguǒ jièqián, jiù bié shuō le.

김쌤   만약 너에게 무슨 어려움이 있으면 나한테 와. 내가 도와줄게.
강쌤   나 요즘…
김쌤   만약 돈 빌리는 거면 말하지 말고.

01 如果下雨，我就不去。
Rúguǒ xiàyǔ, wǒ jiù bú qù.
만약 비가 온다면 나는 가지 않을 거야.

02 如果你很难过，就哭吧！
Rúguǒ nǐ hěn nánguò, jiù kū ba!
괴로우면 울어!

难过 nánguò 혱 괴롭다. 슬프다

03 如果我有钱，我就借给你。
Rúguǒ wǒ yǒuqián, wǒ jiù jiègěi nǐ.
만약 나에게 돈이 있었다면, 너에게 빌려줬을 거야.

04 如果你想减肥，就少吃点儿。
Rúguǒ nǐ xiǎng jiǎnféi, jiù shǎo chī diǎnr.
살을 빼고 싶으면 조금만 먹어.

05 如果我是你，我就不买房子。
Rúguǒ wǒ shì nǐ, wǒ jiù bù mǎi fángzi.
만약 내가 너라면 나는 집을 사지 않을 거야.

06 如果我能解决，就不来找你了。
Rúguǒ wǒ néng jiějué, jiù bù lái zhǎo nǐ le.
만약 내가 해결할 수 있었다면 널 찾아오지 않았어.

07 如果你没听清楚，我就再说一遍。
Rúguǒ nǐ méi tīng qīngchu, wǒ jiù zài shuō yíbiàn.
만약 잘 못 들었다면, 내가 다시 한 번 말해 줄게요.

08 如果你发烧了，就快点儿去医院。
Rúguǒ nǐ fāshāo le, jiù kuài diǎnr qù yīyuàn.
만약 열이 나면 빨리 병원에 가.

解决 jiějué 동 해결하다
清楚 qīngchu 혱 뚜렷하다. 똑똑하다

09 如果你总是这样，我就不和你玩儿。
Rúguǒ nǐ zǒngshì zhèyàng, wǒ jiù bù hé nǐ wánr.
너 자꾸 이러면 나 너랑 안 놀 거야.

10 如果你考第一名，我就给你买电脑。
Rúguǒ nǐ kǎo dì yī míng, wǒ jiù gěi nǐ mǎi diànnǎo.
만약 네가 시험에서 1등 하면 내가 컴퓨터 사 줄게.

093

영상 보기

如果…就跟我说

만약에 ~하면 나한테 말해

패턴 092의 확장 표현이에요.

▶ **김쌤 & 강쌤의 티키타카** ◀

如果要买什么就跟我说。
Rúguǒ yào mǎi shénme jiù gēn wǒ shuō.

不用！我有钱！
Búyòng! Wǒ yǒu qián!

你还有私房钱？
Nǐ háiyǒu sīfángqián?

私房钱 sīfángqián 몡 비상금

강쌤 뭐 살 거 있으면 나한테 얘기해.

남편 괜찮아! 돈 있어!

강쌤 비상금이 있는 거야?

01
如果**不方便**就跟我说。
Rúguǒ bù fāngbiàn jiù gēn wǒ shuō.
불편하면 나한테 말해.

02
如果**需要什么**就跟我说。
Rúguǒ xūyào shénme jiù gēn wǒ shuō.
뭐 필요한 거 있으면 나한테 말해.

方便 fāngbiàn [형] 편리하다
心事儿 xīnshì [명] 걱정거리, 시름
打 dǎ [동] 발송하다, 보내다

03
如果**哪儿不舒服**就跟我说。
Rúguǒ nǎr bù shūfu jiù gēn wǒ shuō.
어디 아프면 나한테 말해.

04
如果**有什么心事儿**就跟我说。
Rúguǒ yǒu shénme xīnshìr jiù gēn wǒ shuō.
무슨 걱정거리 있으면 말해.

05
如果**没钱**就跟我说，我给你打。
Rúguǒ méi qián jiù gēn wǒ shuō, wǒ gěi nǐ dǎ.
돈 없으면 말해. 송금해 줄게.

06
如果**不会用**就跟我说，我教你。
Rúguǒ búhuì yòng jiù gēn wǒ shuō, wǒ jiāo nǐ.
만약 사용할 줄 모르면 말해. 내가 가르쳐 줄게.

07
如果**坏了**就跟我说，我给你换一个。
Rúguǒ huài le jiù gēn wǒ shuō, wǒ gěi nǐ huàn yí ge.
만약 고장나면 말씀하세요. 바꿔 드릴게요.

08
如果**谁欺负你**就跟我说，我帮你打他。
Rúguǒ shéi qīfu nǐ jiù gēn wǒ shuō, wǒ bāng nǐ dǎ tā.
누가 너를 괴롭히면 말해. 내가 때려 줄게.

欺负 qīfu [동] 얕보다, 괴롭히다, 업신여기다
尽力 jìnlì [동] 힘을 다하다, 애쓰다

09
如果**有困难**就跟我说，我会尽力帮你。
Rúguǒ yǒu kùnnan jiù gēn wǒ shuō, wǒ huì jìnlì bāng nǐ.
어려운 일이 있으면 말해. 내가 힘껏 도와 줄게.

10
如果**你有想吃的**就跟我说，我给你做。
Rúguǒ nǐ yǒu xiǎng chī de jiù gēn wǒ shuō, wǒ gěi nǐ zuò.
먹고 싶은 거 있으면 말해. 내가 해 줄게.

094

영상 보기

如果A，那该(有)多好啊!

A하면 그럼 얼마나 좋을까!

여기서 '该 gāi'는 부사로 감탄구에서 어감을 강하게 하는 역할을 하며 '얼마나, 정말로'의 뜻이에요. 이 패턴에서 동사 '有'는 생략이 가능해요.

▶ **김쌤 & 강쌤의 티키타카** ◀

如果我能每天数钱，那该有多好啊!
Rúguǒ wǒ néng měitiān shǔqián, nà gāi yǒu duō hǎo a!

那你应该去银行工作，可以每天数钱!
Nà nǐ yīnggāi qù yínháng gōngzuò, kěyǐ měitiān shǔqián!

数钱 shǔqián 동 돈을 세다

강쌤   매일 돈을 셀 수 있다면 그럼 얼마나 좋을까요!
김쌤   그럼 은행에 가서 일해. 매일 돈 셀 수 있잖아!

01 如果**没有考试，**那该有多好啊！
Rúguǒ **méiyǒu kǎoshì,** nà gāi yǒu duō hǎo a!
시험이 없다면, 그럼 얼마나 좋을까!

02 如果**能回到过去，**那该有多好啊！
Rúguǒ **néng huídào guòqù,** nà gāi yǒu duō hǎo a!
과거로 돌아갈 수 있다면 그럼 얼마나 좋을까!

03 如果**今天不上班，**那该有多好啊！
Rúguǒ **jīntiān bú shàngbān,** nà gāi yǒu duō hǎo a!
만약 오늘 출근하지 않는다면 그럼 얼마나 좋을까!

04 如果**能永远18岁，**那该有多好啊！ ——— 永远 yǒngyuǎn 부 영원히
Rúguǒ **néng yǒngyuǎn shíbā suì,** nà gāi yǒu duō hǎo a!
만약 영원히 18살이라면 그럼 얼마나 좋을까!

05 如果**他是我男朋友，**那该有多好啊！
Rúguǒ **tā shì wǒ nánpéngyou,** nà gāi yǒu duō hǎo a!
만약 그가 내 남자친구라면 그럼 얼마나 좋을까!

06 如果**这些钱都是我的，**那该有多好啊！
Rúguǒ **zhèxiē qián dōushì wǒ de,** nà gāi yǒu duō hǎo a!
만약 이 돈이 다 내 돈이라면 얼마나 좋을까!

07 如果**我吃什么都不胖，**那该有多好啊！
Rúguǒ **wǒ chī shénme dōu bú pàng,** nà gāi yǒu duō hǎo a!
만약 내가 뭘 먹어도 살이 안 찐다면 얼마나 좋을까!

08 如果**能天天玩儿游戏，**那该有多好啊！ ——— 流利 liúlì 형 (문장·말 따위가) 유창하다
Rúguǒ **néng tiāntiān wánr yóuxì,** nà gāi yǒu duō hǎo a!
만약 매일 게임을 할 수 있다면 얼마나 좋을까!

09 如果**我的头发和你一样多，**那该有多好啊！
Rúguǒ **wǒ de tóufa hé nǐ yíyàng duō,** nà gāi yǒu duō hǎo a
내 머리숱이 너처럼 많다면 얼마나 좋을까!

10 如果**我的汉语能和中国人一样流利，**那该有多好啊！
Rúguǒ **wǒ de Hànyǔ néng hé Zhōngguórén yíyàng liúlì,** nà gāi yǒu duō hǎo a!
만약 나의 중국어가 중국인처럼 유창하다면 얼마나 좋을까!

要是想Ａ，那一定要Ｂ

A하고 싶으면 그럼 반드시 B해야 돼

접속사 '要是 yàoshi'도 '如果'와 같은 뜻으로 '만일 ～이라면, 만약 ～하면'의 뜻이에요. **B는 A의 필요조건으**로 **A를 위해 B가 반드시 필요**하다는 의미를 담고 있어요.

▶ **김쌤 & 강쌤의 티키타카** ◀

你要是想减肥，那一定要少吃，多干活儿！
Nǐ yàoshi xiǎng jiǎnféi, nà yídìng yào shǎo chī, duō gànhuór!

真的吗？
Zhēnde ma?

真的，你信我！
Zhēnde, nǐ xìn wǒ!

我不是傻子。
Wǒ búshì shǎzi.

干活儿 gànhuór [동] (육체적인) 일을 하다
傻子 shǎzi [명] 바보

김쌤　　강쌤, 살 빼고 싶으면 그럼 반드시 적게 먹고 일을 많이 해야 돼!
강쌤　　정말이요?
김쌤　　정말이야, 날 믿어!
강쌤　　저 바보 아니라고요.

01
你要是想当模特，那一定要减肥。
Nǐ yàoshi xiǎng dāng mótè, nà yídìng yào jiǎnféi.
네가 모델이 되고 싶다면 그럼 반드시 다이어트를 해야 돼.

02
你要是想成功，那一定要有目标。
Nǐ yàoshi xiǎng chénggōng, nà yídìng yào yǒu mùbiāo.
네가 성공하고 싶다면 그럼 반드시 목표가 있어야 돼.

模特 mótè 명 모델
目标 mùbiāo 명 목표
冠军 guànjūn 명 우승, 1등, 우승자
按时 ànshí 부 제때에, 제시간에

03
你要是想健康，那一定要少吃外卖。
Nǐ yàoshi xiǎng jiànkāng, nà yídìng yào shǎo chī wàimài.
네가 건강하고 싶다면 그럼 반드시 배달음식을 줄여야 돼.

04
你要是想得冠军，那一定要努力练习。
Nǐ yàoshi xiǎng dé guànjūn, nà yídìng yào nǔlì liànxí.
네가 우승을 하고 싶다면 그럼 반드시 열심히 연습해야 돼.

05
你要是想快点儿好，那一定要按时吃药。
Nǐ yàoshi xiǎng kuài diǎnr hǎo, nà yídìng yào ànshí chīyào.
빨리 낫고 싶다면 그럼 약을 꼭 제때 먹어야 돼.

06
你要是想赚很多钱，那一定要大胆一点儿。
Nǐ yàoshi xiǎng zhuàn hěn duō qián, nà yídìng yào dàdǎn yìdiǎnr.
네가 돈을 많이 벌고 싶다면 그럼 반드시 좀 대담해야 돼.

赚 zhuàn 동 (돈을) 벌다
大胆 dàdǎn 형 대담하다
三星 Sānxīng 고유 삼성
优秀 yōuxiù 형 우수하다, 뛰어나다
形象 xíngxiàng 명 이미지, 형상
媳妇儿 xífur 명 며느리

07
你要是想进三星工作，那一定要非常优秀。
Nǐ yàoshi xiǎng jìn Sānxīng gōngzuò, nà yídìng yào fēicháng yōuxiù.
당신이 삼성에 입사하고 싶다면 반드시 뛰어나야 됩니다.

08
你要是想找女朋友，那一定要改变自己的形象。
Nǐ yàoshi xiǎng zhǎo nǚpéngyou, nà yídìng yào gǎibiàn zìjǐ de xíngxiàng.
여자친구를 사귀고 싶다면 그럼 반드시 이미지 변신을 해야 돼.

09
你要是想做个好婆婆，那一定要对媳妇儿好一点儿。
Nǐ yàoshi xiǎng zuò ge hǎo pópo, nà yídìng yào duì xífur hǎo yìdiǎnr.
당신이 좋은 시어머니가 되고 싶다면 그럼 반드시 며느리에게 잘해야 됩니다.

10
你要是想汉语说得流利，那一定要多和中国人聊天儿。
Nǐ yàoshi xiǎng Hànyǔ shuō de liúlì, nà yídìng yào duō hé Zhōngguórén liáotiānr.
만약 중국어를 유창하게 말하고 싶다면 그럼 반드시 중국인과 이야기를 많이 해야 돼.

没有 A 就没有 B

A없이는 B도 없어/ A가 없었더라면 B도 없었을 거야

A가 B의 필수조건이라는 뜻으로 자주 쓰이는 표현이에요.

▶ **김쌤 & 강쌤의 티키타카** ◀

没有你，就没有今天的我。
Méiyǒu nǐ, jiù méiyǒu jīntiān de wǒ.

怎么这么说?
Zěnme zhème shuō?

没有你，就没有140斤的我。
Méiyǒu nǐ, jiù méiyǒu yìbǎi sìshí jīn de wǒ.

你做的饭太好吃了!
Nǐ zuò de fàn tài hǎochī le!

강쌤　　원장쌤이 없었다면 지금의 저도 없을 거예요.
김쌤　　왜 이렇게 말하는 거지?
강쌤　　원장쌤이 없었다면 140근(70kg)의 저도 없어요.
　　　　쌤이 한 밥 너무 맛있어!

01
没有学习就没有进步。
Méiyǒu xuéxí jiù méiyǒu jìnbù.
공부 없이는 발전도 없다.

02
没有失败就没有成功。
Méiyǒu shībài jiù méiyǒu chénggōng.
실패가 없이는 성공도 없다.

进步 jìnbù 명 진보, 발전
失败 shībài 통 실패하다
法律 fǎlǜ 명 법률, 법
过去 guòqù 명 과거
未来 wèilái 명 미래

03
没有法律就没有自由。
Méiyǒu fǎlǜ jiù méiyǒu zìyóu.
법이 없으면 자유도 없다.

04
一个人没有过去就没有未来。
Yí ge rén méiyǒu guòqù jiù méiyǒu wèilái.
사람은 과거가 없으면 미래도 없다.

05
没有你的鼓励就没有今天的我。
Méiyǒu nǐ de gǔlì jiù méiyǒu jīntiān de wǒ.
너의 격려가 없었다면 오늘의 나도 없었을 거야.

06
没有你的帮助就没有我的成功。
Méiyǒu nǐ de bāngzhù jiù méiyǒu wǒ de chénggōng.
너의 도움이 없었다면 나의 성공도 없었을 거야.

07
没有老师的帮助就没有我的好成绩。
Méiyǒu lǎoshī de bāngzhù jiù méiyǒu wǒ de hǎo chéngjì.
선생님의 도움이 없었더라면 저는 좋은 성적을 받지 못했을 거예요.

经济 jīngjì 형 경제적이다
支持 zhīchí 통 지지하다
成就 chéngjiù 명 성취, 성과, 업적
本钱 běnqián 명 본전, 밑천

08
没有平时的努力就没有今天的成绩。
Méiyǒu píngshí de nǔlì jiù méiyǒu jīntiān de chéngjì.
평소의 노력이 없었다면 오늘의 성과는 없었을 거야.

09
没有你的经济支持就没有我今天的成就。
Méiyǒu nǐ de jīngjì zhīchí jiù méiyǒu wǒ jīntiān de chéngjiù.
너의 경제적 지원이 없었더라면 오늘날 나의 성과도 없었을 거야.

10
健康是最大的本钱，没有健康就没有本钱。
Jiànkāng shì zuì dà de běnqián, méiyǒu jiànkāng jiù méiyǒu běnqián.
건강이 가장 큰 밑천이야. 건강이 없으면 밑천도 없는 거야.

097

영상 보기

一旦A，就B

일단 A하면 B하다

아직 일어나지 않은 가정의 상황이 만약 일어난다면 반드시 뒤의 결과가 나온다는 표현이에요.

▶ **김쌤 & 강쌤의 티키타카** ◀

一旦你这么做了，就不能后悔了。还是我代替你吃吧！
Yídàn nǐ zhème zuò le, jiù bùnéng hòuhuǐ le.　Háishi wǒ dàitì nǐ chī ba!

我宁愿自己胖，也不想让你胖。
Wǒ nìngyuàn zìjǐ pàng, yě bù xiǎng ràng nǐ pàng.

这最后一口蛋糕还是我吃吧！
Zhè zuìhòu yìkǒu dàngāo háishi wǒ chī ba!

后悔 hòuhuǐ 동 후회하다

代替 dàitì 동 대신하다, 대체하다

宁愿 nìngyuàn 부 차라리 (〜하고자 하다/ 〜할지언정)

강쌤　일단 쌤께서 이렇게 하면 후회해서는 안 돼요. 제가 대신 먹는 게 좋을 것 같네요!

김쌤　차라리 내가 살찌는 게 낫지, 너를 살찌게 하고 싶진 않아.

　　　이 마지막 한 입 남은 케이크는 내가 먹는 게 좋을 것 같아!

01
鱼一旦离开水，就会死亡。
Yú yídàn líkāi shuǐ, jiù huì sǐwáng.
물고기는 일단 물을 떠나면 곧 죽는다.

02
女人一旦结婚，就会成熟。
Nǚrén yídàn jiéhūn, jiù huì chéngshú.
여자는 일단 결혼을 하면 성숙해진다.

离开 líkāi 동 떠나다
死亡 sǐwáng 동 사망하다. 죽다
成熟 chéngshú 동 성숙하다
厕所 cèsuǒ 명 변소
吵架 chǎojià 동 다투다. 말다툼하다
赶紧 gǎnjǐn 부 서둘러. 급히
检查 jiǎnchá 명 검사

03
他一旦紧张就会不停地上厕所。
Tā yídàn jǐnzhāng jiù huì bùtíng de shàng cèsuǒ.
그는 일단 긴장하면 계속해서 화장실에 간다.

04
他们一旦吵架就几天都不说话。
Tāmen yídàn chǎojià jiù jǐ tiān dōu bù shuōhuà.
그들은 일단 싸우면 며칠 동안 말을 하지 않는다.

05
你一旦发烧，就要赶紧做检查。
Nǐ yídàn fāshāo, jiù yào gǎnjǐn zuò jiǎnchá.
너는 일단 열이 나면 서둘러 검사를 해야 한다.

06
这件事一旦开始，就不能后悔了。
Zhè jiàn shì yídàn kāishǐ, jiù bùnéng hòuhuǐ le.
이 일은 일단 시작하면 후회해서는 안 돼.

07
他一旦下决心，就不会再改变了。
Tā yídàn xià juéxīn, jiù búhuì zài gǎibiàn le.
그는 일단 결심을 하면 다시는 바꾸지 않을 것이다.

下决心 xià juéxīn 동 결심하다
马拉松 mǎlāsōng 명 마라톤
落后 luòhòu 동 낙오하다. 뒤떨어지다
及格 jígé 동 합격하다
延期 yánqī 동 연기하다

08
一旦他知道这件事，我们就麻烦了。
Yídàn tā zhīdào zhè jiàn shì, wǒmen jiù máfan le.
일단 그가 이 일을 알게 되면 우리는 골치 아프게 될 것이다.

09
人生就像马拉松，一旦停下，就会落后。
Rénshēng jiù xiàng mǎlāsōng, yídàn tíngxià, jiù huì luòhòu.
인생은 마라톤과 같아서 일단 멈추면 낙오된다.

10
一旦这次考试不及格，我就要延期毕业了。
Yídàn zhè cì kǎoshì bù jígé, wǒ jiù yào yánqī bìyè le.
일단 이번 시험에 불합격하면, 나는 졸업이 연기될 것이다.

098

万一 A，就 B

만일 A하면 B하다

우리말의 '만일, 만에 하나'의 뜻으로 **실현 가능성이 낮은 일을 가정**할 때 사용해요.

▶ 김쌤 & 강쌤의 티키타카 ◀

万一你死了，我就没法儿活了。
Wànyī nǐ sǐ le, wǒ jiù méifǎr huó le.

你这么爱我吗?
Nǐ zhème ài wǒ ma?

你死了，就没人给我做饭了。
Nǐ sǐ le, jiù méi rén gěi wǒ zuòfàn le.

没法儿 méifǎr 동 불가능하다. 결코 할 수 없다

강쌤　　만일 당신이 죽으면 나는 못 살아.
남편　　이렇게나 날 사랑하는 거야?
강쌤　　당신이 죽으면 나한테 밥 해 줄 사람이 없잖아.

01
万一你有困难，就告诉我。
Wànyī nǐ yǒu kùnnan, jiù gàosu wǒ.
만일 너에게 어려운 일이 생기면 나에게 알려 줘.

02
万一我赢了，你就得听我的。
Wànyī wǒ yíng le, nǐ jiù děi tīng wǒ de.
만일 내가 이기면 너는 내 말을 들어야 돼.

赢 yíng 동 이기다
合格 hégé 동 합격하다
麻烦 máfan 형 귀찮다. 성가시다. 번거롭다

03
万一发烧了，就赶紧去医院。
Wànyī fāshāo le, jiù gǎnjǐn qù yīyuàn.
만일 열이 나면 빨리 병원에 가.

04
万一我合格了，就请你吃饭。
Wànyī wǒ hégé le, jiù qǐng nǐ chīfàn.
만일 내가 합격하면 너한테 밥 살게.

05
万一他生气了，我们就麻烦了。
Wànyī tā shēngqì le, wǒmen jiù máfan le.
만일 그가 화가 나면 우리는 골치 아프게 된다.

06
万一你受不了，就换个工作吧！
Wànyī nǐ shòubuliǎo, jiù huàn ge gōngzuò ba!
만일 네가 못 견디겠으면, 직장을 옮겨!

07
万一下雨了，就坐出租车回来吧！
Wànyī xiàyǔ le, jiù zuò chūzūchē huílái ba!
만일 비가 오면 택시를 타고 와!

受不了 shòubuliǎo 동 참을 수 없다.
　　　　　　　　　　　 견딜 수 없다
忽视 hūshì 동 소홀히 하다. 주의하지 않다
后果 hòuguǒ 명 최후의 결과
严重 yánzhòng 형 심각하다
失败 shībài 동 실패하다

08
万一忽视了这个问题，后果很严重。
Wànyī hūshì le zhège wèntí, hòuguǒ hěn yánzhòng.
만일 이 문제를 소홀히 하면, 결과가 매우 심각해져.

09
万一这次失败了，就再也没有机会了。
Wànyī zhè cì shībài le, jiù zài yě méiyǒu jīhuì le.
만일 이번에 실패한다면 다시는 기회가 없을 거야.

10
万一这次面试失败了，我就离开这个城市。
Wànyī zhè cì miànshì shībài le, wǒ jiù líkāi zhège chéngshì.
만일 이번 면접에 실패한다면 난 이 도시를 떠날 거야.

099

영상 보기

既然A，就B

(기왕) A한 이상 B하다

'既然 jìrán'은 '이미 이렇게 된 바에야, 기왕 그렇게 된 이상'의 의미로, 뒤절에서는 주로 '就', '那么', '还', '也' 등과 호응해요. A에는 기정 사실이 오고, '就'의 뒤 B에는 그 결정된 사실에 따라 당연하다고 생각되는 판단 내용을 말하면 돼요.

김쌤 & 강쌤의 티키타카

既然你来了，就帮我搬家吧！
Jìrán nǐ lái le, jiù bāng wǒ bānjiā ba!

既然你在搬家，那我就走吧！
Jìrán nǐ zài bānjiā, nà wǒ jiù zǒu ba!

搬家 bānjiā 동 이사하다. 집을 옮기다

강쌤 　 기왕 오셨으니 이사 좀 도와주세요!
김쌤 　 네가 이사를 하고 있는 이상 나는 가야겠어!

01
既然开始了，我就会尽全力。
Jìrán kāishǐ le, wǒ jiù huì jìn quánlì.
이왕 시작한 이상 최선을 다할 거예요.

02
既然你知道错了，就要改正。
Jìrán nǐ zhīdào cuò le, jiù yào gǎizhèng.
네가 잘못했다는 것을 안 이상 고쳐야지.

尽全力 jìn quánlì 통 최선을 다하다
改正 gǎizhèng 통 시정하다, 고치다
参加 cānjiā 통 참가하다, 참석하다

03
既然你病了，就好好儿休息吧！
Jìrán nǐ bìng le, jiù hǎohāor xiūxi ba!
기왕 네가 병이 났으니, 푹 쉬어라!

04
既然你不想参加，那么就别去了。
Jìrán nǐ bù xiǎng cānjiā, nàme jiù bié qù le.
기왕 네가 참가하고 싶지 않다면, 그럼 가지 마.

05
既然想考好成绩，就应该好好儿努力。
Jìrán xiǎng kǎo hǎo chéngjì, jiù yīnggāi hǎohāor nǔlì.
시험을 잘 보고 싶다고 생각한 이상, 열심히 노력해야지.

06
既然你已经决定了，我就不说什么了。
Jìrán nǐ yǐjīng juédìng le, wǒ jiù bù shuō shénme le.
네가 이미 결정한 이상 나는 아무 말도 하지 않을게.

决定 juédìng 통 결정하다, 결심하다
适应 shìyìng 통 적응하다
重要性 zhòngyàoxìng 명 중요성
批评 pīpíng 통 꾸짖다, 지적하다

07
既然你改变不了环境，那就学会适应吧！
Jìrán nǐ gǎibiàn buliǎo huánjìng, nà jiù xuéhuì shìyìng ba!
네가 환경을 바꿀 수 없다면, 그럼 적응하는 것을 배워!

08
既然事情已经发生了，就想办法解决吧！
Jìrán shìqing yǐjīng fāshēng le, jiù xiǎng bànfǎ jiějué ba!
일이 이미 발생한 이상, 방법을 강구하여 해결하자!

09
既然知道学习的重要性，那么你就应该努力学习。
Jìrán zhīdào xuéxí de zhòngyàoxìng, nàme nǐ jiù yīnggāi nǔlì xuéxí.
공부의 중요성을 알고 있는 이상 그럼 너는 열심히 공부해야지.

10
既然他已经承认了错误，我们就不要再批评他了。
Jìrán tā yǐjīng chéngrèn le cuòwù, wǒmen jiù búyào zài pīpíng tā le.
그가 이미 잘못을 시인한 이상, 우리 더 이상 그를 질책하지 맙시다.

100

영상 보기

因为A，所以B

A하기 때문에 그래서 B하다

'因为'의 뒤에는 원인을 말하고 '所以'의 뒤에는 결과를 말하면 돼요. 어떠한 이유 때문에 어떻게 되었다는 **결과를 좀 더 강조**하는 표현이에요.

▶ **김쌤 & 강쌤의 티키타카** ◀

因为下雨，所以我没出去运动。
Yīnwèi xiàyǔ, suǒyǐ wǒ méi chūqù yùndòng.

别找借口，你就是懒。
Bié zhǎo jièkǒu, nǐ jiùshì lǎn.

想运动，在哪儿都可以运动。
Xiǎng yùndòng, zài nǎr dōu kěyǐ yùndòng.

借口 jièkǒu 명 구실, 핑계

강쌤　　비가 와서 운동하러 안 나갔어요.
김쌤　　핑계대지 마, 쌤이 게을러서 그러지.
　　　　운동하고 싶으면 어디서든 다 할 수 있어.

01 因为**太忙了**，所以**忘了**。
Yīnwèi tài máng le, suǒyǐ wàng le.
너무 바빠서 잊어버렸어요.

02 因为**坐错车了**，所以**晚了**。
Yīnwèi zuòcuò chē le, suǒyǐ wǎn le.
버스를 잘못 타는 바람에 늦었어요.

03 因为**停水了**，所以**不能洗澡**。
Yīnwèi tíngshuǐ le, suǒyǐ bùnéng xǐzǎo.
단수가 되었기 때문에 샤워를 할 수가 없어요.

> **停水** tíngshuǐ 동 단수하다
> **个子** gèzi 명 체격, 키

04 因为**个子高**，所以**站在后面**。
Yīnwèi gèzi gāo, suǒyǐ zhànzài hòumiàn.
키가 커서 뒤에 섰어요.

05 因为**生病了**，所以**请了两天假**。
Yīnwèi shēngbìng le, suǒyǐ qǐng le liǎng tiān jià.
아파서 이틀 휴가를 냈어요.

06 因为**家里没钱**，所以**一直打工**。
Yīnwèi jiā lǐ méi qián, suǒyǐ yìzhí dǎgōng.
집에 돈이 없어서 계속 아르바이트를 하고 있어요.

07 因为**刚来这儿**，所以**还不太习惯**。
Yīnwèi gāng lái zhèr, suǒyǐ hái bú tài xíguàn.
여기 온 지 얼마 안 돼서 아직 익숙하지 않아요.

> **打工** dǎgōng 동 아르바이트하다
> **习惯** xíguàn 동 습관[버릇]이 되다, 익숙해지다
> **忽然** hūrán 부 갑자기, 별안간, 돌연

08 因为**不经常运动**，所以**身体不好**。
Yīnwèi bù jīngcháng yùndòng, suǒyǐ shēntǐ bù hǎo.
운동을 자주 하지 않아서 몸이 안 좋아요.

09 因为**忽然下雨了**，所以**没出去玩儿**。
Yīnwèi hūrán xiàyǔ le, suǒyǐ méi chūqù wánr.
갑자기 비가 오는 바람에 놀러 가지 않았어요.

10 因为**明天有考试**，所以**今天想早点睡觉**。
Yīnwèi míngtiān yǒu kǎoshì, suǒyǐ jīntiān xiǎng zǎodiǎn shuìjiào.
내일 시험이 있기 때문에 오늘은 일찍 자고 싶어.

PART

06

음성 듣기

101 之所以 A 是因为 B

A한 까닭은(이유는) B 때문이야

패턴 100의 '因为 A, 所以 B'와 함께 둘 다 원인과 결과를 나타내는 패턴인데, 패턴 100은 결과를 강조하는 반면, 이 표현은 **원인을 더 강조**해요. 우리말 느낌으로 이해하는 것이 훨씬 쉬워요.

- 因为 A(원인), 所以 B(결과): A하기 때문에 B해. (B 강조)
- 之所以 B(결과), 是因为 A(원인): B가 된 이유는 A때문이야. (A 강조)

김쌤 & 강쌤의 티키타카

我之所以困，是因为看书了。
Wǒ zhī suǒyǐ kùn, shì yīnwèi kànshū le.

你这么努力学习吗？
Nǐ zhème nǔlì xuéxí ma?

不是，我一看书就困。
Búshì, wǒ yí kànshū jiù kùn.

김쌤 　 내가 졸린 이유는 책을 읽었기 때문이야.
강쌤 　 이렇게 열심히 공부하시는 거예요?
김쌤 　 아니. 나는 책을 보기만 하면 졸려.

224　패턴이 문법보다 빠르다

01 你之所以穷，是因为你懒。
Nǐ zhī suǒyǐ qióng, shì yīnwèi nǐ lǎn.
네가 가난한 것은 게으르기 때문이야.

02 他之所以失败，是因为胆小。
Tā zhī suǒyǐ shībài, shì yīnwèi dǎnxiǎo.
그가 실패한 이유는 겁이 많아서야.

升职 shēngzhí 동 승진하다. 진급하다
后台 hòutái 명 배후. 배경. 빽
得罪 dézuì 동 남의 기분을 상하게 하다
刻苦 kèkǔ 동 몹시 애를 쓰다

03 他之所以升职，是因为他有后台。
Tā zhī suǒyǐ shēngzhí, shì yīnwèi tā yǒu hòutái.
그가 승진한 것은 빽이 있어서야.

04 我之所以不高兴，是因为你得罪我了。
Wǒ zhī suǒyǐ bù gāoxìng, shì yīnwèi nǐ dézuì wǒ le.
내가 기분 나빴던 까닭은 네가 나를 기분 나쁘게 했기 때문이야.

05 他之所以能考第一名，是因为他刻苦学习。
Tā zhī suǒyǐ néng kǎo dì yī míng, shì yīnwèi tā kèkǔ xuéxí.
그가 1등을 할 수 있었던 것은 열심히 공부했기 때문이야.

06 妈妈之所以生气，是因为我弄断了她的口红。
Māma zhī suǒyǐ shēngqì, shì yīnwèi wǒ nòngduàn le tā de kǒuhóng.
엄마가 화가 난 이유는 내가 엄마의 립스틱을 부러뜨렸기 때문이야.

弄断 nòngduàn 동 부러뜨리다
口红 kǒuhóng 명 립스틱
买得起 mǎideqǐ 동 (경제적인 능력이 충분하여) 살 수 있다
暴雨 bàoyǔ 명 폭우
流利 liúlì 형 유창하다

07 我之所以能买得起房子，是因为我爸爸有钱。
Wǒ zhī suǒyǐ néng mǎideqǐ fángzi, shì yīnwèi wǒ bàba yǒuqián.
내가 집을 살 수 있는 것은 아버지가 돈이 있기 때문이야.

08 我之所以讨厌他，是因为他说的话真让人讨厌。
Wǒ zhī suǒyǐ tǎoyàn tā, shì yīnwèi tā shuō de huà zhēn ràng rén tǎoyàn.
내가 그를 싫어하는 이유는 그가 하는 말이 얄밉기 때문이야.

09 之所以改时间，是因为天气预报说明天下大暴雨。
Zhī suǒyǐ gǎi shíjiān, shì yīnwèi tiānqì yùbào shuō míngtiān xià dàbàoyǔ.
시간을 바꾼 이유는 어제 일기예보에서 내일 폭우가 내린다고 했기 때문이야.

10 他的汉语之所以流利，是因为他的前女友都是中国人。
Tā de Hànyǔ zhī suǒyǐ liúlì, shì yīnwèi tā de qián nǚyou dōu shì Zhōngguórén.
그의 중국어가 유창한 것은 그의 전 여친들이 다 중국인이었기 때문이지.

102

영상 보기

虽然A，但是B

(비록) A이지만 그러나 B이다

우리가 '비록'이라는 말을 즐겨 쓰지 않아서 느낌이 잘 안 온다면 **'~하긴 하지만 ~하다'**라는 표현으로 이해하면 어떨까요? 이런 패턴은 '但是' 뒤의 내용을 더 강조해요. 그리고 **B에는 A와 상반되는 내용**이 와요.

More⁺ = 虽然/虽说/尽管A, 但是/可是/不过/然而B

▶ **김쌤 & 강쌤의 티키타카** ◀

我喝多了。你开车吧！你会开车吧？
Wǒ hēduō le.　Nǐ kāichē ba!　Nǐ huì kāichē ba?

虽然学过，但是都忘了。不过可以试试。
Suīrán xuéguo, dànshì dōu wàng le. Búguò kěyǐ shìshi.

啊！突然酒醒了！今天风景真好，我们走着回去吧！
À!　Tūrán jiǔ xǐng le!　Jīntiān fēngjǐng zhēn hǎo, wǒmen zǒuzhe huíqù ba!

开车 kāichē [동] 차를 몰다(운전하다)
风景 fēngjǐng [명] 풍경. 경치

김쌤　나 많이 마셨어. 네가 운전해! 운전할 줄 알지?
강쌤　배우긴 했지만 다 까먹었어요. 하지만 해 볼게요.
김쌤　아! 갑자기 술이 깼어! 오늘 경치가 좋네. 우리 걸어서 집에 가자!

01
虽然学过做菜，不过都忘了。
Suīrán xuéguo zuò cài, búguò dōu wàng le.
요리를 배운 적은 있지만 다 잊어버렸어요.

02
他虽然年轻，可是什么都懂。
Tā suīrán niánqīng, kěshì shénme dōu dǒng.
그는 젊지만 뭐든지 다 안다.

03
虽然没有钱，不过他们很幸福。
Suīrán méiyǒu qián, búguò tāmen hěn xìngfú.
돈은 없지만 그들은 행복하다.

> 做菜 zuò cài 요리를 만들다
> 毛病 máobìng 명 약점, 흠

04
他虽然努力学习，可是成绩很差。
Tā suīrán nǔlì xuéxí, kěshì chéngjì hěn chà.
그는 열심히 공부하지만 성적은 형편없다.

05
他虽然有很多毛病，不过人还不错。
Tā suīrán yǒu hěn duō máobìng, búguò rén hái búcuò.
그는 비록 결점이 많지만 사람은 그런대로 괜찮다.

06
虽然成绩不理想，但是进步了很多。
Suīrán chéngjì bù lǐxiǎng, dànshì jìnbù le hěn duō.
이상적인 성적은 아니지만 많이 늘었어.

> 理想 lǐxiǎng 형 이상적이다
> 进步 jìnbù 동 진보하다
> 关心 guānxīn 명동 관심(을 갖다),
> 관심(을 기울이다)

07
爸爸虽然工作很忙，但是很关心我。
Bàba suīrán gōngzuò hěn máng, dànshì hěn guānxīn wǒ.
아빠는 일이 바쁘시지만 저에게 신경을 많이 써 주세요.

08
虽然不经常见面，但是他们的关系很好。
Suīrán bù jīngcháng jiànmiàn, dànshì tāmen de guānxi hěn hǎo.
자주 만나지는 않지만 그들은 사이가 좋다.

09
虽然这个问题老师已经讲了，但是他还是不会。
Suīrán zhège wèntí lǎoshī yǐjīng jiǎng le, dànshì tā háishi búhuì.
이 문제는 선생님이 이미 설명하시긴 했지만, 그는 여전히 풀 줄 모른다.

10
爷爷虽然已经70多了，但是还是每天都做运动。
Yéye suīrán yǐjīng qīshí duō le, dànshì háishi měitiān dōu zuò yùndòng.
할아버지는 이미 70여 세가 되셨지만 여전히 매일 운동을 하신다.

103

영상 보기

A是A，但是B

A이긴 A한데, 하지만 B야

'A是A'에서 일단 어떤 사실을 먼저 인정한 후에, '그러나'의 의미를 가진 접속사 '但是'로 앞의 한 말의 반대되는 내용으로 전환하여 말하는 방식이에요. '但是' 대신 '可是', '不过', '就是'를 쓸 수 있어요.

More⁺ = A 是 A, 但是/可是/不过/就是 B

▶ **김쌤 & 강쌤의 티키타카** ◀

听说你老婆给你涨零花钱了？
Tīngshuō nǐ lǎopo gěi nǐ zhǎng línghuāqián le?

涨了是涨了，可是涨了60块。
Zhǎng le shì zhǎng le, kěshì zhǎng le liùshí kuài.

涨 zhǎng 통 (값이) 오르다
零花钱 línghuāqián 명 용돈

남자1 와이프가 용돈을 올려 줬다면서?
남편   오르긴 올랐는데, 근데 60위안(1만 원) 올랐어.

01
这件衣服土是土，但是很暖和。
Zhè jiàn yīfu tǔ shì tǔ, dànshì hěn nuǎnhuo.
이 옷은 촌스럽기는 촌스러운데 따뜻해요.

02
便宜是便宜，可是质量太差了。
Piányi shì piányi, kěshì zhìliàng tài chà le.
싸기는 싼데 품질이 너무 나빠요.

土 tǔ 혱 촌스럽다
质量 zhìliàng 명 품질
位置 wèizhì 명 위치
熟 shú 혱 잘 알다. 익숙하다

03
这座房子老是老，不过位置很好。
Zhè zuò fángzi lǎo shì lǎo, búguò wèizhì hěn hǎo.
이 집은 오래되긴 오래되었는데 위치가 좋아.

04
我们俩认识是认识，可是不太熟。
Wǒmen liǎ rènshi shì rènshi, kěshì bú tài shú.
우리 두 사람은 알기는 아는데, 잘 알지는 못해요.

05
这孩子聪明是聪明，可是不努力。
Zhè háizi cōngming shì cōngming, kěshì bù nǔlì.
이 아이는 똑똑하기는 똑똑한데 노력을 하지 않아요.

06
这双鞋舒服是舒服，不过有点儿大。
Zhè shuāng xié shūfu shì shūfu, búguò yǒudiǎnr dà.
이 신발은 편하기는 편한데 좀 커.

07
他学习好是好，不过人品不怎么样。
Tā xuéxí hǎo shì hǎo, búguò rénpǐn bù zěnmeyàng.
그는 공부를 잘하기는 잘하는데 인성이 별로야.

人品 rénpǐn 명 인품. 인격
安静 ānjìng 혱 조용하다

08
他人不错是不错，就是没有人喜欢他。
Tā rén búcuò shì búcuò, jiùshì méiyǒu rén xǐhuan tā.
사람은 괜찮긴 괜찮은데 그를 좋아하는 사람이 없어.

09
他对我好是好，可是他妈妈反对我们结婚。
Tā duì wǒ hǎo shì hǎo, kěshì tā māma fǎnduì wǒmen jiéhūn.
그가 나한테 잘해주기는 잘해주는데, 그의 어머니가 우리 결혼을 반대하셔.

10
这里的环境安静是安静，不过离地铁站太远了。
Zhèlǐ de huánjìng ānjìng shì ānjìng, búguò lí dìtiězhàn tài yuǎn le.
이곳의 환경은 조용하긴 조용한데 지하철역에서 너무 멀어.

104

영상 보기

A是A，B是B

A는 A이고, B는 B야

A와 B가 서로 완전히 무관함을 나타낼 때, 선을 긋는 느낌으로 사용해요.

▶ 김쌤 & 강쌤의 티키타카 ◀

请问，婚前和婚后最大的变化是什么?
Qǐngwèn, hūnqián hé hūnhòu zuì dà de biànhuà shì shénme?

结婚前，他的钱是他的钱，我的钱是我的钱。
Jiéhūn qián, tā de qián shì tā de qián, wǒ de qián shì wǒ de qián.

结婚后，我的钱还是我的钱，他的钱也是我的钱，
Jiéhūn hòu, wǒ de qián háishi wǒ de qián, tā de qián yě shì wǒ de qián,

这就是最大的变化。
zhè jiùshì zuì dà de biànhuà.

变化 biànhuà 명 변화

김쌤	결혼 전과 결혼 후의 가장 큰 변화가 뭐야?
강쌤	결혼하기 전에는 그의 돈은 그의 돈이고, 제 돈은 제 돈이었는데,
	결혼 후에는 제 돈은 제 돈이고, 그의 돈도 제 돈이라는 게 가장 큰 변화예요.

01
他是他，我是我，意见不同很正常。
Tā shì tā, wǒ shì wǒ, yìjiàn bùtóng hěn zhèngcháng.
그 사람은 그 사람이고 나는 나야. 의견이 다른 건 아주 정상이지.

02
你是你，我是我，你别干涉我的事儿。
Nǐ shì nǐ, wǒ shì wǒ, nǐ bié gānshè wǒ de shìr.
너는 너고 나는 나야. 그러니까 내 일에 간섭하지 말라고.

干涉 gānshè 통 간섭하다
生意 shēngyi 명 장사. 영업
白 bái 부 거저. 무료로. 공짜로
私事 sīshì 명 남에게 알리고 싶지 않은 일.
　　　　　사사로운 일. 프라이버시.

03
他是他，我是我，我不是你的前男友。
Tā shì tā, wǒ shì wǒ, wǒ búshì nǐ de qián nányou.
그 사람은 그 사람이고, 나는 나야. 나는 너의 전 남친이 아니라고.

04
朋友是朋友，生意是生意，我不能白吃。
Péngyou shì péngyou, shēngyi shì shēngyi, wǒ bùnéng báichī.
친구는 친구고, 장사는 장사인데. 공짜로 먹을 수야 없지.

05
公是公，私是私，工作的时候，别谈私事。
Gōng shì gōng, sī shì sī, gōngzuò de shíhou, bié tán sīshì.
공은 공이고, 사는 사예요. 일을 할 때 사적인 얘기는 하지 마세요.

06
过去是过去，现在是现在，人都是会变的。
Guòqù shì guòqù, xiànzài shì xiànzài, rén dōu shì huì biàn de.
과거는 과거고, 지금은 지금이야. 사람은 다 변해.

恋爱 liàn'ài 명 연애
童话 tónghuà 명 동화
媳妇儿 xífur 명 며느리

07
恋爱是恋爱，结婚是结婚，这两件事儿不一样。
Liàn'ài shì liàn'ài, jiéhūn shì jiéhūn, zhè liǎng jiàn shìr bù yíyàng.
연애는 연애고, 결혼은 결혼이야. 이 두 가지는 다른 거야.

08
感情是感情，工作是工作，不能把感情带到工作中。
Gǎnqíng shì gǎnqíng, gōngzuò shì gōngzuò, bùnéng bǎ gǎnqíng dàidào gōngzuò zhōng.
감정은 감정이고, 일은 일이지. 감정을 일에 끌어들이면 안 되는 거야.

09
童话是童话，现实是现实，现实中没有这么美好的爱情。
Tónghuà shì tónghuà, xiànshí shì xiànshí, xiànshí zhōng méiyǒu zhème měihǎo de àiqíng.
동화는 동화이고, 현실은 현실이야. 현실 속에 이렇게 아름다운 사랑은 없어.

10
女儿是女儿，媳妇儿是媳妇儿，婆婆是不可能把媳妇儿当成女儿的。
Nǚ'ér shì nǚ'ér, xífur shì xífur, pópo shì bù kěnéng bǎ xífur dàngchéng nǚ'ér de.
딸은 딸이고, 며느리는 며느리인데 시어머니가 며느리를 딸로 생각할 리 없지.

105

영상 보기

不是A，(而)是B

A가 아니고 B이다

A를 부정하고 B를 선택하는 문장으로, '而是' 다음에 오는 문장 **B가 바로 하고자 하는 말**로 중요한 핵심 내용이에요.

▶ **김쌤 & 강쌤의 티키타카** ◀

听说你要创业，加油!
Tīngshuō nǐ yào chuàngyè, jiāyóu!

我现在缺的不是鼓励，而是钱。
Wǒ xiànzài quē de búshì gǔlì, érshì qián.

你当我刚才什么也没说吧!
Nǐ dàng wǒ gāngcái shénme yě méi shuō ba!

创业 chuàngyè 통 창업하다
缺 quē 통 모자라다, 부족하다
当 dàng 통 (~으로) 여기다

강쌤	창업하신다면서요, 화이팅!
김쌤	내가 지금 부족한 것은 격려가 아니라 돈이야.
강쌤	제가 방금 아무 말도 하지 않은 걸로 해 주세요!

01
不是**不告诉你**，而是**忘了**。
Búshì bú gàosu nǐ, érshì wàng le.
안 알려 준 게 아니라 깜박한 거야.

02
我不是**怀孕了**，而是**胖了**。
Wǒ búshì huáiyùn le, érshì pàng le.
나 임신한 게 아니라 살찐 거야.

03
你不是**不聪明**，而是**不认真**。
Nǐ búshì bù cōngming, érshì bú rènzhēn.
너는 똑똑하지 않은 것이 아니라, 노력하지 않는 거야.

怀孕 huáiyùn 통 임신하다
认真 rènzhēn 형 진지하다. 열심히 하다

04
我不是**不想去**，而是**没时间去**。
Wǒ búshì bù xiǎng qù, érshì méi shíjiān qù.
가기 싫은 게 아니라 갈 시간이 없는 거예요.

05
不是**不想结婚**，而是**没有女朋友**。
Búshì bùxiǎng jiéhūn, érshì méiyǒu nǚpéngyou.
결혼하고 싶지 않은 게 아니라, 여자친구가 없는 거예요.

06
重要的不是**过去**，而是**现在和将来**。
Zhòngyào de búshì guòqù, érshì xiànzài hé jiānglái.
중요한 것은 과거가 아니라 현재와 미래야.

07
我这次考试不是**第一名**，而是**第二名**。
Wǒ zhè cì kǎoshì búshì dì yī míng, érshì dì èr míng.
나는 이번 시험에서 1등이 아니라 2등이야.

将来 jiānglái 명 장래. 미래
第一名 dì yī míng 명 제1위. 일등
能力 nénglì 명 능력

08
不是**我不帮你**，而是**我没有这个能力**。
Búshì wǒ bù bāng nǐ, érshì wǒ méiyǒu zhège nénglì.
내가 널 돕지 않는 게 아니라 그럴 능력이 없는 거야.

09
学习不是**为了别人**，而是**为了你自己**。
Xuéxí búshì wèile biérén, érshì wèile nǐ zìjǐ.
공부는 다른 사람을 위한 것이 아니라 너 자신을 위한 것이야.

10
最好听的三个字不是**我爱你**，而是**你瘦了**。
Zuì hǎotīng de sān ge zì búshì wǒ ài nǐ, érshì nǐ shòu le.
가장 듣기 좋은 세 글자는 '널 사랑해'가 아니라 '너 살 빠졌어'야.

106

영상 보기

不是A，就是B

A 아니면 B/ A이거나 B이거나

'A가 아니면 B', 'B가 아니면 A' 다시 말해 **둘 중에 하나**라는 뜻이에요. 'A가 아니라 바로 B이다'라고 해석하면 절대 안 돼요.

▶ **김쌤 & 강쌤의 티키타카** ◀

我在家不是洗碗，就是擦地!
Wǒ zài jiā búshì xǐwǎn, jiùshì cādì!

一点儿地位都没有!
Yìdiǎnr dìwèi dōu méiyǒu!

这么巧，我也一样!
Zhème qiǎo, wǒ yě yíyàng!

地位 dìwèi 명 위치. 지위	
巧 qiǎo 형 공교롭다	

남편 　나는 집에서 설거지 아니면 걸레질이야!
　　　지위라고는 전혀 없어!
남자1 　이런 우연이. 나도 그래!

01 你每天不是吃就是睡。
Nǐ měitiān búshì chī jiùshì shuì.
너는 매일 먹는 거 아니면 자.

02 最近不是刮风就是下雨。
Zuìjìn búshì guāfēng jiùshì xiàyǔ.
요즘은 바람이 부는 거 아니면 비가 오네.

亡 wáng 통 죽다
便秘 biànmì 명 변비
拉肚子 lā dùzi 통 설사하다

03 你每天不是坐着就是躺着。
Nǐ měitiān búshì zuòzhe jiùshì tǎngzhe.
너는 매일 앉아 있는 거 아니면 누워 있어.

04 今天不是你死就是我亡！
Jīntiān búshì nǐ sǐ jiùshì wǒ wáng!
오늘 네가 죽든지 아니면 내가 죽든지 하자!

05 我最近不是便秘就是拉肚子。
Wǒ zuìjìn búshì biànmì jiùshì lā dùzi.
나 요즘 변비 아니면 설사야.

06 你做的菜不是太咸了就是太淡了。
Nǐ zuò de cài búshì tài xián le jiùshì tài dàn le.
네가 만든 요리는 너무 짜거나 너무 싱거워.

07 你一上班，不是玩儿手机就是打电话。
Nǐ yí shàngbān, búshì wánr shǒujī jiùshì dǎ diànhuà.
너는 출근하자마자 휴대폰 하는 거 아니면 전화야.

咸 xián 형 짜다
淡 dàn 형 싱겁다
干活儿 gànhuór 통 일을 하다
屁股 pìgu 명 엉덩이

08 一让你干活儿，你不是头疼就是屁股疼。
Yí ràng nǐ gànhuór, nǐ búshì tóuténg jiùshì pìgu téng.
너한테 일을 시키기만 하면 너는 머리가 아프거나 엉덩이가 아프다고 그래.

09 我上学的时候，不是第一名就是第二名。
Wǒ shàngxué de shíhou, búshì dì yī míng jiùshì dì èr míng.
나 학교 다닐 때 1등 아니면 2등이었어.

10 我上学的时候，不是在图书馆学习就是在教室看书。
Wǒ shàngxué de shíhou, búshì zài túshūguǎn xuéxí jiùshì zài jiàoshì kànshū.
나는 학교 다닐 때, 도서관에서 공부하는 거 아니면 교실에서 책을 봤어.

107

既A，又B

A하기도 하고, B하기도 하다

일반적으로 두 개의 동일선상의 동사, 형용사 혹은 짧은 문구 등을 연결하여, 어떤 사물이나 사람에게 있어 **동시에 두 개의 동작이나 상황**이 나타나는 것을 표현해요.

▶ **김쌤 & 강쌤의 티키타카** ◀

每个人都是既有优点，又有缺点。
Měi ge rén dōu shì jì yǒu yōudiǎn, yòu yǒu quēdiǎn.

是吗? 我怎么只看到了你的优点?
Shì ma? Wǒ zěnme zhǐ kàndào le nǐ de yōudiǎn?

你真是太会拍马屁了!
Nǐ zhēnshi tài huì pāi mǎpì le!

优点 yōudiǎn 몡 장점
缺点 quēdiǎn 몡 단점
拍马屁 pāimǎpì 통 아첨하다. 아부를 하다

김쌤　　모든 사람은 장점도 있고 단점도 있어.
강쌤　　그래요? 저는 왜 원장쌤의 장점만 보이죠?
김쌤　　아부를 정말 너무 잘하네!

01

他既自私又小气。

Tā jì zìsī yòu xiǎoqi.

그는 이기적이고 인색하다.

02

汉语老师既年轻又漂亮。

Hànyǔ lǎoshī jì niánqīng yòu piàoliang.

중국어 선생님은 젊고 예쁘다.

自私 zìsī 형 이기적이다
小气 xiǎoqi 형 인색하다, 쩨쩨하다
家具 jiājù 명 가구
实用 shíyòng 형 실용적이다
抽烟 chōuyān 동 담배를 피우다
害 hài 동 해를 끼치다, 해치다

03

这个家具既便宜又实用。

Zhège jiājù jì piányi yòu shíyòng.

이 가구는 싸고 실용적이다.

04

抽烟既害自己，又害别人。

Chōuyān jì hài zìjǐ, yòu hài biérén.

흡연은 자기 자신도 해치고 다른 사람도 해친다.

05

我们既是同事，又是朋友。

Wǒmen jì shì tóngshì, yòu shì péngyou.

우리는 동료이자 친구이다.

06

他既会说英语，又会说汉语。

Tā jì huì shuō Yīngyǔ, yòu huì shuō Hànyǔ.

그는 영어도 할 줄 알고 중국어도 할 줄 안다.

07

这么做既有好处，又有坏处。

Zhème zuò jì yǒu hǎochu, yòu yǒu huàichu.

이렇게 하면 좋은 점도 있고 나쁜 점도 있다.

好处 hǎochu 명 장점, 좋은 점
坏处 huàichu 명 나쁜 점
浪费 làngfèi 동 낭비하다
省钱 shěngqián 동 돈을 아끼다

08

这么做既浪费钱，又浪费时间。

Zhème zuò jì làngfèi qián, yòu làngfèi shíjiān.

이렇게 하면 돈도 낭비하고 시간도 낭비한다.

09

这么做既能省钱，又能保护环境。

Zhème zuò jì néng shěngqián, yòu néng bǎohù huánjìng.

이렇게 하면 돈도 절약할 수 있고 환경도 보호할 수 있다.

10

爬山既可以锻炼身体，又可以减肥。

Páshān jì kěyǐ duànliàn shēntǐ, yòu kěyǐ jiǎnféi.

산에 가면 운동도 할 수 있고 다이어트도 할 수 있다.

108 不但A，而且B

영상 보기

A뿐 아니라 B도 하다

A와 B가 다 말하고 싶은 내용이지만 **B를 더 강조**하는 느낌이에요. A와 B의 내용이 상반되서는 안 된다는 점에 주의하세요.

 = 不仅/不只/不光A，而且/还/也B

 她不但很漂亮，而且很善良。
Tā búdàn hěn piàoliang, érqiě hěn shànliáng.

 我吃醋了。那我呢?
Wǒ chīcù le.　Nà wǒ ne?

 你啊! 你不仅能吃，还很能睡!
Nǐ a!　Nǐ bùjǐn néng chī, hái hěn néng shuì!

善良 shànliáng 형 선량하다. 착하다
吃醋 chīcù 동 질투하다. 시기하다

남편　저 여자는 외모도 예쁠 뿐 아니라 참 착하네.
강쌤　질투 나. 그럼 난?
남편　넌 말이야! 너는 잘 먹을 뿐만 아니라 잠도 잘 자잖아!

01

这么做不光省时，还省事。

Zhème zuò bùguāng shěngshí, hái shěngshì.

이렇게 하면 시간이 절약될 뿐만 아니라 일도 줄일 수 있다.

02

这件事不光难，而且很危险。

Zhè jiàn shì bùguāng nán, érqiě hěn wēixiǎn.

이 일은 어려울 뿐만 아니라 매우 위험하다.

省时 shěngshí 통 시간을 절약하다(덜다)
省事 shěngshì 통 수고를 덜다
危险 wēixiǎn 형 위험하다
缺 quē 통 모자라다

03

我们现在不仅缺钱，还缺人。

Wǒmen xiànzài bùjǐn quē qián, hái quē rén.

우리는 지금 돈이 부족할 뿐만 아니라 사람도 부족하다.

04

她不但要上班，而且要做家务。

Tā búdàn yào shàngbān, érqiě yào zuò jiāwù.

그녀는 일을 해야 할 뿐만 아니라 집안일도 해야 한다.

05

她不但长得很漂亮，而且很善良。

Tā búdàn zhǎng de hěn piàoliang, érqiě hěn shànliáng.

그녀는 예쁘게 생겼을 뿐만 아니라 착하다.

06

他不仅是我的老师，还是我的朋友。

Tā bùjǐn shì wǒ de lǎoshī, háishi wǒ de péngyou.

그는 나의 선생님일 뿐만 아니라 나의 친구이기도 하다.

07

爬山不光可以锻炼身体，还可以减肥。

Páshān bùguāng kěyǐ duànliàn shēntǐ, hái kěyǐ jiǎnféi.

등산은 운동이 될 뿐만 아니라 다이어트도 된다.

交通 jiāotōng 명 교통
房租 fángzū 명 집세
队 duì 명 팀
团结 tuánjié 형 화목하다, 사이가 좋다
老板 lǎobǎn 명 주인, 사장님

08

这里不仅交通方便，而且房租也很便宜。

Zhèlǐ bùjǐn jiāotōng fāngbiàn, érqiě fángzū yě hěn piányi.

이곳은 교통이 편리할 뿐만 아니라 집세도 매우 싸다.

09

这个队不光每个人都很有能力，而且还很团结。

Zhège duì bùguāng měi ge rén dōu hěn yǒu nénglì, érqiě hái hěn tuánjié.

이 팀은 모든 사람이 다 능력이 있을 뿐만 아니라 단합도 잘 된다.

10

一个好老板，不光要有能力，还要多听听别人的意见。

Yí ge hǎo lǎobǎn, bùguāng yào yǒu nénglì, hái yào duō tīngting biérén de yìjiàn.

좋은 사장은 능력이 있어야 할 뿐만 아니라 다른 사람의 의견을 많이 들어야 한다.

109

영상 보기

不但不A，反而B

A하지 않을 뿐 아니라, 오히려 B하다/ A하기는커녕, 오히려 B하다

A라는 예상한 결과가 안 되었을 뿐더러 오히려 그 반대의 B라는 결과가 나왔을 경우에 사용해요. 따라서 **A와 B에는 상반된 내용**이 들어가야 돼요. '不但' 다음에 부정부사 '不'나 '没(有)'가 오는 것에 주의하세요.

▶ **김쌤 & 강쌤의 티키타카** ◀

我明天休息，你不但不高兴，反而愁眉苦脸。
Wǒ míngtiān xiūxi, nǐ búdàn bù gāoxìng, fǎn'ér chóuméi kǔliǎn.

我有什么可高兴的？又要开始做饭了。
Wǒ yǒu shénme kě gāoxìng de? Yòu yào kāishǐ zuòfàn le.

反而 fǎn'ér 분 오히려, 역으로	
愁眉苦脸 chóuméi kǔliǎn 성 수심에 찬 얼굴, 우거지상	

강쌤   나 내일 쉬는데 너는 기뻐하기는커녕 오히려 수심에 찬 얼굴이네.

남편   내가 기쁠 게 뭐 있어? 또 밥 해야 되는데.

01
他不但不孤独，反而很幸福。
Tā búdàn bù gūdú, fǎn'ér hěn xìngfú.
그는 외롭지 않을 뿐만 아니라 오히려 행복하다.

02
我不但没有挨骂，反而被表扬了。
Wǒ búdàn méiyǒu áimà, fǎn'ér bèi biǎoyáng le.
나는 욕을 먹기는커녕 오히려 칭찬을 받았어.

挨骂 áimà 동 야단맞다, 욕먹다
表扬 biǎoyáng 동 표창하다
丢人 diūrén 형 창피하다
骄傲 jiāo'ào 형 자랑스럽다, 뽐내다
涨 zhǎng 동 (값이) 오르다
跌 diē 동 (물가가) 떨어지다, 내리다

03
他不但不觉得丢人，反而很骄傲。
Tā búdàn bù juéde diūrén, fǎn'ér hěn jiāo'ào.
그는 창피해 하기는커녕 오히려 건방을 떤다.

04
这里的房价不但没涨，反而还跌了。
Zhèlǐ de fángjià búdàn méi zhǎng, fǎn'ér hái diē le.
이곳의 집값은 오르기는커녕 오히려 떨어졌다.

05
他不但没还我钱，反而又向我借钱。
Tā búdàn méi huán wǒ qián, fǎn'ér yòu xiàng wǒ jièqián.
그는 나에게 돈을 갚기는커녕, 도리어 나에게 또 돈을 빌려달라고 했다.

06
他不但不帮我，反而还给我添麻烦。
Tā búdàn bù bāng wǒ, fǎn'ér hái gěi wǒ tiān máfan.
그는 나를 도와주기는커녕 오히려 나를 귀찮게 한다.

添麻烦 tiān máfan 동 폐를 끼치다
好转 hǎozhuǎn 동 호전되다
化解 huàjiě 동 풀리다, 녹다
明明 míngmíng 부 분명히, 명백히
抱歉 bàoqiàn 동 미안해하다
怪 guài 동 책망하다, 원망하다

07
他的病不但没有好转，反而变严重了。
Tā de bìng búdàn méiyǒu hǎozhuǎn, fǎn'ér biàn yánzhòng le.
그의 병은 나아지기는커녕 오히려 심각해졌다.

08
这么做不但没化解误会，反而加深了误会。
Zhème zuò búdàn méi huàjiě wùhuì, fǎn'ér jiāshēn le wùhuì.
이렇게 해서 오해를 풀기는커녕 오히려 오해가 더 깊어졌어.

09
夏天过去了，天气不但没有凉快，反而更热了。
Xiàtiān guòqù le, tiānqì búdàn méiyǒu liángkuai, fǎn'ér gèng rè le.
여름이 지나갔는데 날씨가 시원하기는커녕 더 더워졌다.

10
明明是他做错了，他不但不觉得抱歉，反而还怪别人。
Míngmíng shì tā zuòcuò le, tā búdàn bù juéde bàoqiàn, fǎn'ér hái guài biérén.
분명히 그가 잘못했건만, 미안하다고 생각하기는커녕, 도리어 남 탓을 한다.

110 除了A(以外)，B都…

영상 보기

A를 제외하고 B는 모두 ~하다

A는 해당되지 않고 B만 해당될 때 사용할 수 있으며, '以外'는 생략할 수 있어요. **'A말고는'**, **'A빼고는'**의 해석도 가능해요.

▶ **김쌤 & 강쌤의 티키타카** ◀

你每天脑子里除了想让我请客，其他的什么都不想吗？
Nǐ měitiān nǎozi lǐ chúle xiǎng ràng wǒ qǐngkè, qítā de shénme dōu bù xiǎng ma?

当然想！除了想让你请客，还想让你涨工资。
Dāngrán xiǎng! Chúle xiǎng ràng nǐ qǐngkè, hái xiǎng ràng nǐ zhǎng gōngzī.

请客 qǐngkè [동] 한턱내다
涨工资 zhǎng gōngzī [동] 월급이 오르다

김쌤　　머릿속에 매일 나에게 밥 얻어먹을 생각 말고는 다른 건 아무것도 생각 안 해?
강쌤　　당연히 생각하죠! 쌤한테 밥 얻어먹을 생각말고도 쌤이 월급을 올려 줬으면 하는 생각도 한다고요.

01
这个班除了我，都是女生。
Zhège bān chúle wǒ, dōu shì nǚshēng.
이 반은 나만 빼고 모두 여학생이야.

02
除了香菜，我什么都能吃。
Chúle xiāngcài, wǒ shénme dōu néng chī.
난 고수말고는 뭐든 다 잘 먹어.

香菜 xiāngcài 명 고수
以外 yǐwài 명 이외, 이상

03
除了星期天，我都有时间。
Chúle xīngqītiān, wǒ dōu yǒu shíjiān.
일요일을 빼고는 다 시간 돼.

04
除了他以外，我谁都不认识。
Chúle tā yǐwài, wǒ shéi dōu bú rènshi.
그 사람 외에 나는 아무도 몰라요.

05
除了我以外，他们都去爬山了。
Chúle wǒ yǐwài, tāmen dōu qù páshān le.
나만 빼고 그들은 모두 산에 갔다.

06
除了英语以外，他什么都不会。
Chúle Yīngyǔ yǐwài, tā shénme dōu búhuì.
그는 영어 외에는 아무것도 할 줄 모른다.

07
除了这个问题以外，我都做完了。
Chúle zhège wèntí yǐwài, wǒ dōu zuòwán le.
이 문제 빼고는 다 풀었어요.

08
除了挣钱以外，我现在什么都不想。
Chúle zhèngqián yǐwài, wǒ xiànzài shénme dōu bù xiǎng.
돈 버는 것 외에는 지금 아무것도 생각하지 않아.

挣钱 zhèngqián 통 돈을 벌다
兴趣 xìngqù 명 관심, 흥미

09
除了涨工资以外，其他的我都没有兴趣。
Chúle zhǎng gōngzī yǐwài, qítā de wǒ dōu méiyǒu xìngqù.
월급 인상 외에 다른 것들은 다 관심없어.

10
除了数学作业以外，其他的作业我都做完了。
Chúle shùxué zuòyè yǐwài, qítā de zuòyè wǒ dōu zuòwán le.
수학 숙제 빼고 나머지 숙제는 다 했어요.

111 除了A(以外)，还/也B

A 외에 B도 ～하다

영상 보기

A와 B 모두 해당될 때 사용하며, '以外'는 생략이 가능해요.

▶ 김쌤 & 강쌤의 티키타카 ◀

除了蛋糕以外，你还想吃什么？
Chúle dàngāo yǐwài, nǐ hái xiǎng chī shénme?

除了蛋糕以外，我还想吃火锅、紫菜包饭、炸鸡。
Chúle dàngāo yǐwài, wǒ hái xiǎng chī huǒguō、 zǐcài bāofàn、 zhájī.

除了吃以外，你还会什么？
Chúle chī yǐwài, nǐ hái huì shénme?

除了吃以外，我还会说汉语。
Chúle chī yǐwài, wǒ hái huì shuō Hànyǔ.

火锅 huǒguō 몡 훠궈(중국식 샤브샤브)
紫菜包饭 zǐcài bāofàn 몡 김밥
炸鸡 zhájī 몡 후라이드치킨

김쌤   케이크 말고 또 뭐 먹고 싶어?
강쌤   케이크 외에 저는 또 훠궈, 김밥, 치킨도 먹고 싶어요.
김쌤   먹는 것 말고 또 할 줄 아는 게 뭐야?
강쌤   먹는 거 말고 중국어도 할 줄 알아요.

01
家里除了我以外，还有姐姐。
Jiā lǐ chúle wǒ yǐwài, hái yǒu jiějie.
집에는 나 말고 누나도 있어.

02
除了怕死以外，你还怕什么？
Chúle pà sǐ yǐwài, nǐ hái pà shénme?
너는 죽는 것 말고 또 뭐가 무섭니?

天赋 tiānfù 명 타고난 재질. 타고난 것
炸酱面 zhájiàngmiàn 명 자장면
点 diǎn 동 시키다, 주문하다

03
除了这件事，还有别的事吗？
Chúle zhè jiàn shì, háiyǒu bié de shì ma?
이 일 외에 또 다른 일이 있나요?

04
他除了有天赋以外，还很努力。
Tā chúle yǒu tiānfù yǐwài, hái hěn nǔlì.
그는 천부적인 재능이 있는 것 외에 또 노력도 많이 한다.

05
除了炸酱面以外，还要点什么？
Chúle zhájiàngmiàn yǐwài, hái yào diǎn shénme?
짜장면 말고 또 뭐 시킬까?

06
除了海鲜以外，我还不能吃花生。
Chúle hǎixiān yǐwài, wǒ hái bùnéng chī huāshēng.
해산물 외에 나는 또 땅콩도 못 먹어.

07
除了刷卡以外，你还喜欢做什么？
Chúle shuā kǎ yǐwài, nǐ hái xǐhuan zuò shénme?
카드 긁는 거 말고 넌 또 뭘 좋아해?

海鲜 hǎixiān 명 해물
花生 huāshēng 명 땅콩
刷卡 shuākǎ 동 카드를 긁다
销售 xiāoshòu 동 팔다. 판매하다
巨大 jùdà 형 거대하다

08
妈妈每天除了上班以外，还要做家务。
Māma měitiān chúle shàngbān yǐwài, hái yào zuò jiāwù.
엄마는 매일 출근하는 것 말고도 또 집안일도 해야 한다.

09
除了这个办法以外，还有其他的解决办法吗？
Chúle zhège bànfǎ yǐwài, hái yǒu qítā de jiějué bànfǎ ma?
이 방법 외에 또 다른 해결 방법이 있나요?

10
她除了制造方面以外，销售方面也有巨大的成就。
Tā chúle zhìzào fāngmiàn yǐwài, xiāoshòu fāngmiàn yě yǒu jùdà de chéngjiù.
그녀는 제조 방면 외에 마케팅 방면에서도 커다란 성과를 올렸다.

112

영상 보기

连A都B

A(조차)도 B하다

'连 lián'은 '〜조차도'의 뜻이며, '都'는 같은 뜻을 가진 '也'로 대체 가능해요. **강조하고자 하는 내용이 A에** 위치해요.

▶ 김쌤 & 강쌤의 티키타카 ◀

昨天为了工作，我连饭都没吃。
Zuótiān wèile gōngzuò, wǒ lián fàn dōu méi chī.

是吗？那么冰箱里的蛋糕是谁吃的？
Shì ma? Nàme bīngxiāng lǐ de dàngāo shì shéi chī de?

강쌤   어제 일하느라 밥도 못 먹었어요.

김쌤   그래? 그러면 냉장고에 있는 케이크는 누가 먹은 거지?

01
他连老板都不怕。
Tā lián lǎobǎn dōu bú pà.
그는 사장님도 두려워하지 않는다.

02
他连方便面都不会煮。
Tā lián fāngbiànmiàn dōu búhuì zhǔ.
그는 라면도 못 끓여요.

方便面 fāngbiànmiàn 명 인스턴트 라면
煮 zhǔ 동 삶다. 익히다. 끓이다
相信 xiāngxìn 동 믿다. 신임하다

03
我连男朋友也不相信。
Wǒ lián nánpéngyou yě bù xiāngxìn.
나는 남자친구도 믿지 않는다.

04
他怎么连电话也不接?
Tā zěnme lián diànhuà yě bù jiē?
그는 왜 전화도 받지 않니?

05
这个道理连小孩都知道。
Zhège dàoli lián xiǎohái dōu zhīdào.
이 이치는 어린아이도 안다.

06
我太生气了，连话都不想说。
Wǒ tài shēngqì le, lián huà dōu bù xiǎng shuō.
나는 너무 화가 나서 말도 하고 싶지 않아.

07
这个问题很难，连老师都不会。
Zhège wèntí hěn nán, lián lǎoshī dōu búhuì.
이 문제는 매우 어려워서 선생님도 할 줄 모릅니다.

汤 tāng 명 국물. 탕
光 guāng 형 조금도 남지 않다,
아무 것도 없다

08
我现在穷得连吃饭的钱都没有。
Wǒ xiànzài qióng de lián chīfàn de qián dōu méiyǒu.
나는 지금 가난해서 밥 먹을 돈조차 없어.

09
他做的饭太好吃了，我连汤都喝光了。
Tā zuò de fàn tài hǎochī le, wǒ lián tāng dōu hēguāng le.
그가 만든 밥이 너무 맛있어서 나는 국물까지 다 마셨어.

10
今天太累了，我现在连脱鞋的力气都没有了。
Jīntiān tài lèi le, wǒ xiànzài lián tuōxié de lìqì dōu méiyǒu le.
오늘은 너무 피곤해서 나는 신발을 벗을 기운조차 없어.

113 一点儿也不(没)…

조금도(전혀) ~하지 않다

영상 보기

어떤 상황을 **아주 강하게 완전히 부정하는 표현**이에요. '也'는 같은 뜻을 가진 '都'로 대체할 수 있어요.

▶ ◀ **김쌤 & 강쌤의 티키타카** ▶ ◀

今天一点儿也不冷，你怎么穿这么多?
Jīntiān yìdiǎnr yě bù lěng, nǐ zěnme chuān zhème duō?

你吧，就像北极熊一样，皮下脂肪太多了，
Nǐ ba, jiù xiàng běijíxióng yíyàng, píxià zhīfáng tài duō le,

所以一点儿也不觉得冷。
suǒyǐ yìdiǎnr yě bù juéde lěng.

北极熊 běijíxióng 몡 북극곰
皮下脂肪 píxià zhīfáng 몡 피하지방

강쌤   오늘은 전혀 춥지 않은데, 쌤은 왜 이렇게 옷을 많이 입었어요?
김쌤   강쌤은 말이야. 북극곰처럼 피하지방이 너무 많아서 추위를 못 느끼는 거야.

01
我一点儿也不怕你。
Wǒ yìdiǎnr yě bú pà nǐ.
나는 네가 조금도 두렵지 않아.

02
我一点儿也不麻烦。
Wǒ yìdiǎnr yě bù máfan.
나는 조금도 귀찮지 않다.

03
你一点儿也不好奇吗?
Nǐ yìdiǎnr yě bú hàoqí ma?
넌 전혀 궁금하지 않니?

好奇 hàoqí 휑 궁금하다

04
他好像一点儿也不伤心。
Tā hǎoxiàng yìdiǎnr yě bù shāngxīn.
그는 조금도 슬퍼하지 않는 것 같네.

05
她长得一点儿也不漂亮。
Tā zhǎng de yìdiǎnr yě bú piàoliang.
그녀는 전혀 예쁘지 않게 생겼다.

06
你说的一点儿也不合理。
Nǐ shuō de yìdiǎnr yě bù hélǐ.
네가 말한 것은 조금도 합리적이지 않다.

07
这张桌子一点儿也不结实。
Zhè zhang zhuōzi yìdiǎnr yě bù jiēshi.
이 책상은 조금도 튼튼하지 않다.

合理 hélǐ 휑 도리에 맞나. 합리적이다
结实 jiēshi 휑 튼튼하다. 질기다
屋子 wūzi 휑 방
题目 tímù 휑 문제
看起来 kànqǐlái 보아하니. 보기에

08
这间屋子一点儿也不暖和。
Zhè jiān wūzi yìdiǎnr yě bù nuǎnhuo.
이 방은 전혀 따뜻하지 않다.

09
考试的题目一点儿也不难。
Kǎoshì de tímù yìdiǎnr yě bù nán.
시험 문제는 조금도 어렵지 않았다.

10
他看起来一点儿也不紧张。
Tā kànqǐlái yìdiǎnr yě bù jǐnzhāng.
그는 조금도 긴장하지 않아 보인다.

114

영상 보기

一+양사+(명사)+也+没/不+…
한 ~도 ~하지 않았어

'一次也(한 번도)', '一句话也(한 마디도)', '一本书也(책 한 권도)', '一顿饭也(밥 한 끼도)', '一个朋友也(친구 한 명도)' 등과 같이 해당하는 양사를 교체하여 **강한 부정**을 나타낼 때 사용해요. '也'는 같은 의미를 가진 '都'로 대체할 수 있으며 뒤의 내용은 '没'나 '不'의 부정문이 와요.

▶ **김쌤 & 강쌤의 티키타카** ◀

你都吃饱了，怎么还吃？
Nǐ dōu chībǎo le, zěnme hái chī?

这么好吃的蛋糕，我一口也不留给你。
Zhème hǎochī de dàngāo, wǒ yì kǒu yě bù liú gěi nǐ.

김쌤   배불리 먹어놓고 왜 또 먹어?
강쌤   이렇게 맛있는 케이크를 저는 쌤한테 한 입도 남겨 주지 않을 거예요.

01
她一顿饭都没给我做过。
Tā yí dùn fàn dōu méi gěi wǒ zuòguo.
그녀는 나에게 밥을 한 끼도 해 준 적이 없다.

02
我们俩一分钟也不能分开。
Wǒmen liǎ yì fēnzhōng yě bùnéng fēnkāi.
우리 둘은 1분도 떨어질 수 없어요.

顿 dùn 양 번, 차례, 끼니
分开 fēnkāi 동 떨어지다, 헤어지다
记不住 jìbuzhù 동 기억이 안 된다,
기억하지 못한다

03
你怎么能一个电话都没打?
Nǐ zěnme néng yí ge diànhuà dōu méi dǎ?
어떻게 전화 한 통 안 할 수 있어요?

04
他说得太快了，我一个字都记不住。
Tā shuō de tài kuài le, wǒ yí ge zì dōu jìbuzhù.
그가 말을 너무 빨리 해서 나는 한 글자도 기억하지 못해요.

05
刚来中国时，他一句中文都听不懂。
Gāng lái Zhōngguó shí, tā yí jù Zhōngwén dōu tīngbudǒng.
처음 중국에 왔을 때 그는 중국어를 한마디도 알아듣지 못했다.

06
你写的太乱了，我一个字都不认识。
Nǐ xiě de tài luàn le, wǒ yí ge zì dōu bú rènshi.
네가 쓴 것이 너무 엉망이라서 나는 한 글자도 모르겠어.

07
他来中国这么久，一个朋友都没有。
Tā lái Zhōngguó zhème jiǔ, yí ge péngyou dōu méiyǒu.
그가 중국에 온 지 이렇게 오래되었는데 친구가 한 명도 없다.

乱 luàn 형 어지럽다, 엉망이다
交 jiāo 동 사귀다, 교제하다
交往 jiāowǎng 동 왕래하다, 사귀다
合照 hézhào 명 함께 찍은 사진,
단체사진

08
我都30了，到现在一个男朋友也没交过。
Wǒ dōu sānshí le, dào xiànzài yí ge nánpéngyou yě méi jiāoguo.
저는 서른인데 지금까지 남자친구를 한 명도 사귀어 보지 못했어요.

09
今天太忙了，从上班到现在一口水也没喝过。
Jīntiān tài máng le, cóng shàngbān dào xiànzài yì kǒu shuǐ yě méi hēguo.
오늘은 너무 바빠서 출근한 후 지금까지 물 한 모금도 마시지 않았다.

10
我们交往了这么长时间，却一张合照都没有。
Wǒmen jiāowǎng le zhème cháng shíjiān, què yì zhāng hézhào dōu méiyǒu.
우리는 이렇게 오랫동안 사귀었는데, 같이 찍은 사진이 한 장도 없다.

115

영상 보기

不管A，都B

A와 관계없이 다 B하다/ A를 막론하고 다 B하다

어떤 가정의 조건 하에서도 똑같은 결과가 발생함을 나타내요. '不管' 뒤에 **A의 형태**는 선택형식(还是)이거나 **의문형식**의 구조가 와야 돼요.

More⁺ = 无论/不论A, 都B

> ### 김쌤 & 강쌤의 티키타카

老婆，不管白天还是黑夜，我都想你。
Lǎopo, bùguǎn báitiān háishi hēiyè, wǒ dōu xiǎng nǐ.

你是想我还是想我给你涨零花钱?
Nǐ shì xiǎng wǒ háishi xiǎng wǒ gěi nǐ zhǎng línghuāqián?

不管 bùguǎn 젭 ~에 관계없이, ~을 막론하고
白天 báitiān 몡 낮, 대낮
黑夜 hēiyè 몡 밤

남편　　여보, 낮이나 밤이나 당신이 보고 싶어.

강쌤　　내가 보고 싶은 거야, 아니면 내가 용돈을 올려 주길 바라는 거야?

01 不管是谁，都有优缺点。
Bùguǎn shì shéi, dōu yǒu yōuquēdiǎn.
누구든 장단점이 있다.

02 不管在哪儿，你都能睡着。
Bùguǎn zài nǎr, nǐ dōu néng shuìzháo.
넌 어디에서든 잘 자.

优缺点 yōuquēdiǎn 명 장점과 단점
睡着 shuìzháo 동 잠들다. 잠이 들다
脑子 nǎozi 명 머리. 두뇌. 머릿속

03 不管做什么事情，都要努力。
Bùguǎn zuò shénme shìqing, dōu yào nǔlì.
어떤 일이든 열심히 해야 하는 거야.

04 不管做什么，我脑子里都是你。
Bùguǎn zuò shénme, wǒ nǎozi lǐ dōu shì nǐ.
무엇을 하든 내 머릿속은 온통 너야.

05 不管你吃多少东西，都不会胖。
Bùguǎn nǐ chī duōshao dōngxi, dōu búhuì pàng.
당신은 아무리 먹어도 살이 찌지 않아요.

06 不管做什么事情，你都很优秀。
Bùguǎn zuò shénme shìqing, nǐ dōu hěn yōuxiù.
무슨 일을 하든 당신은 뛰어나요.

07 不管你有什么困难，我都会帮你。
Bùguǎn nǐ yǒu shénme kùnnan, wǒ dōu huì bāng nǐ.
어떤 어려움이 있든간에 난 널 도와줄 거야.

08 不管成功不成功，我都不会放弃。
Bùguǎn chénggōng bù chénggōng, wǒ dōu búhuì fàngqì.
성공을 하든 안 하든 나는 포기하지 않을 거야.

优秀 yōuxiù 형 우수하다. 뛰어나다
放弃 fàngqì 동 포기하다

09 不管下不下雨，我都去上汉语课。
Bùguǎn xiàbuxià yǔ, wǒ dōu qù shàng Hànyǔkè.
비가 오든 안 오든 나는 중국어 수업하러 갈 거야.

10 不管你有什么困难，我们都一起解决。
Bùguǎn nǐ yǒu shénme kùnnan, wǒmen dōu yìqǐ jiějué.
어떤 어려움이 있든지 우리 같이 해결하자.

116

영상 보기

只要A，就B

A하기만 하면 B하다

A가 제시하는 어떤 조건을 충족시키기만 하면 B라는 결과가 이루어지는 것이 어렵지 않다는 것을 나타내요.

▶ **김쌤 & 강쌤의 티키타카** ◀

老公，只要我开心，你就开心，对吗？
Lǎogōng, zhǐyào wǒ kāixīn, nǐ jiù kāixīn, duì ma?

对啊！
Duì a!

那我就放心了。
Nà wǒ jiù fàngxīn le.

怎么了？
Zěnme le?

名牌 míngpái 명 유명 브랜드

我今天又买了两个名牌包儿。
Wǒ jīntiān yòu mǎi le liǎng ge míngpái bāor.

강쌤	여보, 내 기분이 좋으면 당신도 기분 좋은 거 맞지?
남편	맞아!
강쌤	그럼 마음이 놓이네.
남편	왜 그러는데?
강쌤	오늘 또 명품백 두 개 샀거든.

01 只要**有时间，**我**就**去看你。
Zhǐyào yǒu shíjiān, wǒ jiù qù kàn nǐ.
시간이 나면 널 보러 갈게.

02 只要**休息，**我**就**在家里睡觉。
Zhǐyào xiūxi, wǒ jiù zài jiā lǐ shuìjiào.
쉬기만 하면 나는 집에서 자.

03 只要**你愿意帮我，**我**就**请你吃饭。
Zhǐyào nǐ yuànyì bāng wǒ, wǒ jiù qǐng nǐ chīfàn.
네가 나를 도와 주기만 하면 내가 밥 살게.

愿意 yuànyì 통 ~하기를 바라다. 동의하다
机会 jīhuì 명 기회

04 只要**给我机会，**我**就**会做得更好。
Zhǐyào gěi wǒ jīhuì, wǒ jiù huì zuò de gèng hǎo.
기회만 주신다면 더 잘할게요.

05 只要**平时多运动，**身体**就**会健康。
Zhǐyào píngshí duō yùndòng, shēntǐ jiù huì jiànkāng.
평소에 운동을 많이 하기만 하면 건강해질 수 있어.

06 只要**明天不下雨，**我们**就**出去玩儿。
Zhǐyào míngtiān bú xiàyǔ, wǒmen jiù chūqù wánr.
내일 비만 안 오면 우리는 놀러 갈 거야.

07 只要**少吃，**多运动，你**就**一定会瘦。
Zhǐyào shǎo chī, duō yùndòng, nǐ jiù yídìng huì shòu.
적게 먹고 많이 운동만 한다면 너는 틀림없이 살이 빠질 거야.

08 只要**你来我家，**我**就**给你做好吃的。
Zhǐyào nǐ lái wǒ jiā, wǒ jiù gěi nǐ zuò hǎochī de.
네가 우리 집에 오기만 하면 내가 맛있는 것 해 줄게.

09 只要**多说，**你的汉语**就**会越来越好。
Zhǐyào duō shuō, nǐ de Hànyǔ jiù huì yuèláiyuè hǎo.
많이 말하기만 하면 너의 중국어는 점점 더 나아질 거야.

10 只要**你认真学习，就**一定能取得好成绩。
Zhǐyào nǐ rènzhēn xuéxí, jiù yídìng néng qǔdé hǎo chéngjì.
네가 열심히 공부하기만 하면 반드시 좋은 성적을 얻을 수 있어.

取得 qǔdé 통 취득하다. 얻다. 획득하다

117

영상 보기

只要A就可以了

A하기만 하면 돼

'…就可以了'는 같은 뜻을 가진 '…就行了'로 대체가 가능하며, '了'를 생략하기도 해요.

▶ **김쌤 & 강쌤의 티키타카** ◀

怎样才能瘦呢?
Zěnyàng cái néng shòu ne?

只要不吃饭就可以了。
Zhǐyào bù chīfàn jiù kěyǐ le.

当我没问吧! 我还是胖着吧!
Dàng wǒ méi wèn ba! Wǒ háishi pàngzhe ba!

강쌤　　어떻게 하면 살이 빠져요?
김쌤　　밥만 안 먹으면 돼.
강쌤　　내가 안 물어본 걸로 해요. 나 그냥 뚱뚱할래!

01
只要实用就可以了。
Zhǐyào shíyòng jiù kěyǐ le.
실용적이기만 하면 돼.

> 实用 shíyòng 혱 실용적이다

02
只要学习好就可以了。
Zhǐyào xuéxí hǎo jiù kěyǐ le.
공부만 잘하면 돼요.

03
只要你瘦4斤就可以了。
Zhǐyào nǐ shòu sì jīn jiù kěyǐ le.
너 4근(2kg)만 빼면 돼.

04
我都做好了，你只要吃就可以了。
Wǒ dōu zuòhǎo le, nǐ zhǐyào chī jiù kěyǐ le.
내가 다 만들었으니 너는 그냥 먹기만 하면 돼.

05
你只要做好自己的事儿就可以了。
Nǐ zhǐyào zuòhǎo zìjǐ de shìr jiù kěyǐ le.
넌 네 일만 잘하면 돼.

06
只要吃药就可以了吗？不用做手术吗？
Zhǐyào chī yào jiù kěyǐ le ma? Búyòng zuò shǒushù ma?
약만 먹으면 되나요? 수술 안 해도 돼요?

07
去中国留学，只要有HSK5级就可以了。
Qù Zhōngguó liúxué, zhǐyào yǒu HSK wǔ jí jiù kěyǐ le.
중국에 유학을 가려면 HSK 5급만 있으면 됩니다.

08
只要你幸福就可以了，你幸福我就幸福。
Zhǐyào nǐ xìngfú jiù kěyǐ le, nǐ xìngfú wǒ jiù xìngfú.
네가 행복하기만 하면 돼. 네가 행복하면 나도 행복해.

> 手术 shǒushù 몡 수술
> 同意 tóngyì 통 동의하다

09
只要你同意就可以了，其他的我来准备。
Zhǐyào nǐ tóngyì jiù kěyǐ le, qítā de wǒ lái zhǔnbèi.
당신은 동의하기만 하면 돼요. 다른 것은 제가 준비하겠습니다.

10
只要长得帅就可以了，我就喜欢帅的男人。
Zhǐyào zhǎng de shuài jiù kěyǐ le, wǒ jiù xǐhuan shuài de nánrén.
그냥 잘생기면 돼. 난 잘생긴 남자가 좋더라.

118

영상 보기

只有A，才B

A해야만 B하다

A라는 유일한 조건이 충족되어야지만, 비로서 그에 상응하는 B의 결과를 가져올 수 있음을 나타내요.

More⁺ = 除非A, 才B

김쌤 & 강쌤의 티키타카

多吃点儿! 只有 吃饱了 , 才能更好地工作。
Duō chī diǎnr! Zhǐyǒu chībǎo le, cái néng gèng hǎo de gōngzuò.

是吗? 我吃饱了，就只想睡觉。
Shì ma? Wǒ chībǎo le, jiù zhǐ xiǎng shuìjiào.

你真是坦率! 你是不是忘了我是你老板?
Nǐ zhēnshi tǎnshuài! Nǐ shìbushì wàng le wǒ shì nǐ lǎobǎn?

김쌤   많이 먹어! 배불리 먹어야 일을 더 잘 할 수 있는 거야.

강쌤   그래요? 나는 배가 부르면 잠만 자고 싶어요.

김쌤   넌 진짜 솔직해! 내가 사장이라는 거 잊었지?

01 妈妈说只有写完作业，才能玩。
Māma shuō zhǐyǒu xiěwán zuòyè, cái néng wán.
엄마가 숙제를 다 해야지만 놀 수 있다고 하셨다.

02 只有考第一名，才有机会去留学。
Zhǐyǒu kǎo dì yī míng, cái yǒu jīhuì qù liúxué.
시험에서 1등을 해야만 유학 갈 기회가 생긴다.

03 只有改变性格，别人才会喜欢你。
Zhǐyǒu gǎibiàn xìnggé, biérén cái huì xǐhuan nǐ.
성격이 바뀌어야만 다른 사람들이 너를 좋아하게 될 거야.

性格 xìnggé 명 성격
提前 tíqián 동 앞당기다
预习 yùxí 동 예습하다
内容 nèiróng 명 내용

04 面对困难，只有坚持，才能成功。
Miànduì kùnnan, zhǐyǒu jiānchí, cái néng chénggōng.
어려움에 직면하면 오직 버텨야지만 성공할 수 있다.

05 只有提前预习，才能听懂上课的内容。
Zhǐyǒu tíqián yùxí, cái néng tīngdǒng shàngkè de nèiróng.
미리 예습을 해야만 수업 내용을 알아들을 수 있다.

06 除非得到爸爸的同意，我们才能结婚。
Chúfēi dédào bàba de tóngyì, wǒmen cái néng jiéhūn.
아빠의 동의를 얻어야만 우리가 결혼할 수 있어.

07 只有多听多说，你才能提高中文水平。
Zhǐyǒu duōtīng duōshuō, nǐ cái néng tígāo Zhōngwén shuǐpíng.
많이 듣고 많이 말해야만 너는 중국어 실력을 향상시킬 수 있다.

除非 chúfēi 접 오직 ~하여야 (비로소)
提高 tígāo 동 향상시키다. 높이다
命运 mìngyùn 명 운명
赢 yíng 동 이기다

08 只有努力学习，才能改变自己的命运。
Zhǐyǒu nǔlì xuéxí, cái néng gǎibiàn zìjǐ de mìngyùn.
열심히 공부해야만 자신의 운명을 바꿀 수 있다.

09 只有这场比赛赢，我们才能进下一场比赛。
Zhǐyǒu zhè chǎng bǐsài yíng, wǒmen cái néng jìn xià yì chǎng bǐsài.
이번 시합에 이겨야만 우리는 다음 시합에 나갈 수 있다.

10 只有当了父母，才知道自己的父母是多么不容易！
Zhǐyǒu dāng le fùmǔ, cái zhīdào zìjǐ de fùmǔ shì duōme bù róngyì!
부모가 되어야만 비로소 자신의 부모가 얼마나 힘든지를 알게 된다!

119

영상 보기

除非A，否则/不然B

A해야지, 그렇지 않으면 B하다

'A해야만 한다, 그렇지 않으면 B된다'라는 뜻으로, **A라는 유일한 조건**이 이루어지지 않는다면, B의 결과를 가져올 것이라는 가정을 나타내요! '否则' 대신 '不然'을 쓸 수 있어요!

▶ **김쌤 & 강쌤의 티키타카** ◀

今天我请你吃饭吧!
Jīntiān wǒ qǐng nǐ chīfàn ba!

除非你有事求我，否则你绝对不会请我吃饭。
Chúfēi nǐ yǒu shì qiú wǒ, fǒuzé nǐ juéduì búhuì qǐng wǒ chīfàn.

你装不知道吧! 说出来有点儿尴尬啊!
Nǐ zhuāng bù zhīdào ba! Shuōchūlái yǒudiǎnr gāngà a!

尴尬 gāngà 형 (입장 따위가) 난처하다. 곤란하다

강쌤   오늘은 제가 밥 살게요!
김쌤   나한테 부탁할 일이 있겠지, 그렇지 않으면 절대로 나한테 밥 안 살 걸.
강쌤   모르는 척 해 주세요! 말하면 좀 민망하잖아요!

01
除非打折，否则我不买。
Chúfēi dǎzhé, fǒuzé wǒ bù mǎi.
할인 안 하면 안 살 거예요.

02
除非你保密，不然我不会告诉你。
Chúfēi nǐ bǎomì, bùrán wǒ búhuì gàosu nǐ.
네가 비밀을 지켜야지 그렇지 않으면 너에게 말 안 해줄 거야.

打折 dǎzhé 통 할인하다. 디스카운트 하다
保密 bǎomì 통 비밀을 지키다
抢 qiǎng 통 (재물을) 약탈하다, 빼앗다
天大 tiāndà 형 하늘만큼 크다, 굉장히 크다
请假 qǐngjià 통 휴가를 내다

03
除非抢银行，否则他哪儿有那么多钱。
Chúfēi qiǎng yínháng, fǒuzé tā nǎr yǒu nàme duō qián.
은행을 털지 않고서야 그가 어디 그렇게 많은 돈이 있겠어.

04
除非做完作业，否则你不能玩儿游戏。
Chúfēi zuòwán zuòyè, fǒuzé nǐ bùnéng wánr yóuxì.
숙제를 다 해야지 그렇지 않고서는 너는 게임을 할 수 없어.

05
除非发生天大的事情，否则不能请假。
Chúfēi fāshēng tiāndà de shìqing, fǒuzé bùnéng qǐngjià.
큰일이 터지지 않고서는 휴가를 낼 수 없어.

06
除非你减肥，不然穿不上这条牛仔裤。
Chúfēi nǐ jiǎnféi, bùrán chuānbushàng zhè tiáo niúzǎikù.
네가 다이어트를 해야지 그렇지 않으면 이 청바지를 입을 수 없어.

07
除非你换件衣服，不然别人以为你是大妈。
Chúfēi nǐ huàn jiàn yīfu, bùrán biérén yǐwéi nǐ shì dàmā.
옷을 갈아입어야지 안 그럼 사람들이 네가 아줌마인 줄 알 거야.

牛仔裤 niúzǎikù 명 청바지
大妈 dàmā 명 아주머니
请客 qǐngkè 통 한턱내다
嫁 jià 통 시집가다

08
除非别人请客，否则她才不会去饭店吃饭。
Chúfēi biérén qǐngkè, fǒuzé tā cái búhuì qù fàndiàn chīfàn.
다른 사람이 밥을 사야지 안 그럼 그녀는 식당에 가서 밥을 먹지 않을 거야.

09
除非太阳从西边出来，否则我是不会嫁给他的。
Chúfēi tàiyáng cóng xībian chūlái, fǒuzé wǒ shì búhuì jiàgěi tā de.
해가 서쪽에서 뜨지 않고서는 나는 그에게 시집가지 않을 거야.

10
除非你和那个女的分手，否则你就不是我儿子。
Chúfēi nǐ hé nàge nǚ de fēnshǒu, fǒuzé nǐ jiù búshì wǒ érzi.
네가 그 여자와 헤어져야지 그렇지 않으면 넌 내 아들이 아니야.

120 幸亏A，要不然B

다행히 A했기에 망정이지 그렇지 않았다면 B했을 거야/
A했으니 다행이지, 안 그랬으면 B했을 거야

영상 보기

'幸亏 xìngkuī'는 '다행히, 운좋게', '要不然 yàoburán'은 '그렇지 않으면'의 의미로 각각 사용이 가능하지만 이렇게 같이 사용하는 경우도 많아요. '要不然'의 뒤에는 주로 **발생했다면 큰일 났을 뻔한 일**들이 와요.

More⁺ = 幸亏A, 不然/要不/否则B

▶ ◀ **김쌤 & 강쌤의 티키타카** ▶ ◀

过来帮忙打扫！
Guòlái bāngmáng dǎsǎo!

幸亏没洗头，要不然<mark>就白洗了</mark>。
Xìngkuī méi xǐtóu, yàoburán jiù báixǐ le.

你真是个懒鬼！你已经十天没洗头了！
Nǐ zhēnshì ge lǎnguǐ! Nǐ yǐjīng shítiān méi xǐtóu le!

白 bái 🔵 헛되이, 쓸데없이
懒鬼 lǎnguǐ 📗 게으름뱅이

강쌤　　와서 청소 좀 도와주세요!
김쌤　　머리를 안 감았기에 망정이지, 안 그랬으면 헛 감은 거잖아.
강쌤　　이런 게으름뱅이같으니라고! 이미 열흘이나 머리를 안 감아 놓고!

01
幸亏你提醒我，要不然我就忘了。
Xìngkuī nǐ tíxǐng wǒ, yàoburán wǒ jiù wàng le.
네가 말해줬으니 다행이지, 안 그랬으면 잊었을 거야.

02
幸亏你胖，要不然你就被风刮跑了。
Xìngkuī nǐ pàng, yàoburán nǐ jiù bèi fēng guāpǎo le.
네가 살 쪘으니 다행이지 아니면 바람에 날아갔을 거야.

提醒 tíxǐng 통 일깨우다. 상기시키다
全身 quánshēn 명 전신. 온몸
湿透 shītòu 통 흠뻑 젖다(적시다)
叫醒 jiàoxǐng 통 (불러서) 깨다(깨우다)
赶不上 gǎnbushàng 통 제 시간에 댈 수 없다

03
幸亏带了雨伞，不然全身都得湿透。
Xìngkuī dài le yǔsǎn, bùrán quánshēn dōu děi shītòu.
우산을 가져왔으니 다행이지, 안 그랬으면 온몸이 흠뻑 젖었을 거야.

04
幸亏你叫醒了我，否则我就迟到了。
Xìngkuī nǐ jiàoxǐng le wǒ, fǒuzé wǒ jiù chídào le.
다행히 네가 나를 깨웠으니 망정이지, 그렇지 않았다면 지각했을 거야.

05
幸亏我跑得快，要不就赶不上飞机了。
Xìngkuī wǒ pǎo de kuài, yàobù jiù gǎnbushàng fēijī le.
내가 빨리 달렸기에 망정이지 그렇지 않았으면 비행기를 못 탔을 거야.

06
幸亏警察来得及时，否则就抓不到他了。
Xìngkuī jǐngchá lái de jíshí, fǒuzé jiù zhuābudào tā le.
경찰이 제때 왔기에 다행이지 그렇지 않았으면 그를 못 잡았을 거야.

07
幸亏我没买这只股票，否则我就跟你一样了。
Xìngkuī wǒ méi mǎi zhè zhī gǔpiào, fǒuzé wǒ jiù gēn nǐ yíyàng le.
내가 이 주식을 안 샀으니 다행이지 안 그랬으면 너와 같은 처지가 되었을 거야.

警察 jǐngchá 명 경찰
及时 jíshí 형 시기적절하다. 때맞다
股票 gǔpiào 명 증권. 주식
圣诞节 Shèngdàn Jié 명 크리스마스. 성탄절

08
幸亏有你帮忙，不然我真不知道怎么办才好。
Xìngkuī yǒu nǐ bāngmáng, bùrán wǒ zhēn bù zhīdào zěnme bàn cái hǎo.
네가 도와줬으니 다행이지, 그렇지 않았으면 정말 어떻게 해야 좋을지 몰랐을 거야.

09
幸亏我早就买了房子，要不然我现在买不起。
Xìngkuī wǒ zǎojiù mǎi le fángzi, yàoburán wǒ xiànzài mǎibuqǐ.
다행히 내가 진작에 집을 샀으니 망정이지, 그렇지 않았더라면 지금은 비싸서 못 샀을 거야.

10
幸亏你没有女朋友，否则圣诞节你要花很多钱。
Xìngkuī nǐ méiyǒu nǚpéngyou, fǒuzé Shèngdàn Jié nǐ yào huā hěn duō qián.
네가 여자친구가 없으니까 다행이지 안 그랬으면 크리스마스에 돈 많이 썼을 거야.

시사중국어사
중국어 완벽 뿌시기

입문

중국어 발음
입에 확실하게 익히고

입문 · HSK1

중국어는 이런 거구나~ 첫걸음을 떼어 보세요!
워크북으로 실력 확인~!

입문 · HSK1

실전에서는 이렇게!
독학으로 회화가 된다고?!

초중급 · HSK3,4

핵심 중국어 패턴 80개
집중 공략 한 번 더!

초중급 · HSK3,4

기본 패턴 120개 + 예문 1,200개로
중국어 패치 입에 붙이고!

기초 · HSK2,3

문법 쉽고 빠르게
한번 정리해주고!

중급 · HSK4,5

스토리와 함께 중고급 패턴
재미있게 학습하면

중급 · HSK4,5

인터넷, SNS에서도
빛나는 중국어 실력 완성!

도서에 대한 소개 및 구입은
아래 QR을 찍고 시사중국어사
홈페이지로 들어오세요!

https://www.sisabooks.com/chn